Annegret Jöhnk

Dänisch neu

Ein Sprachkurs für Jugendliche
und Erwachsene

Max Hueber Verlag

Ich bedanke mich

bei Margrethe Stig Hansen und Elly Andersen
für die sprachliche Beratung und Durchsicht der Neubearbeitung,

bei meinen Kursteilnehmern und zahlreichen Kollegen
für Anregungen und Diskussionen,

bei meiner Familie und vielen Freunden
für Nachsicht und praktische Unterstützung.

Dieses Werk folgt der seit dem 1. August 1998 gültigen Rechtschreibreform. Ausnahmen bilden Texte, bei denen künstlerische, philologische oder lizenzrechtliche Gründe einer Änderung entgegenstehen.

4. 3. | Die letzten Ziffern
2004 03 02 | bezeichnen Zahl und Jahr des Druckes.
Alle Drucke dieser Auflage können, da unverändert,
nebeneinander benutzt werden.
1. Auflage

Verlagsredaktion: Stephen Fox, München
Umschlaggestaltung: Grønne Studie, København
Zeichnungen: Dorte Karrebæk, Ålsgårde
Druck und Bindung: AZ Druck und Datentechnik GmbH, Kempten
Printed in Germany
ISBN 3-19-005255-7

Vorwort

Dänisch neu ist gegenüber der früheren Fassung völlig neu bearbeitet und aktualisiert in Bezug auf Wortschatz, Strukturen und landeskundliche Informationen. Darüber hinaus wurden Lektionsabläufe optimiert und neue Übungsformen aufgenommen.

Das Lehrwerk richtet sich an alle, die sich auf einen Aufenthalt in Dänemark oder auf andere Kontakte zu Dänen sprachlich vorbereiten möchten. Aus diesem Grunde wurde es konsequent kommunikativ ausgerichtet. Das heißt, es soll dem Lernenden das nötige Rüstzeug dazu geben, Dänen im Gespräch zu begegnen. Hauptziel der Arbeit mit *Dänisch neu* ist es, Sie zu befähigen, einfache Sprechbedürfnisse in der anderen Sprache auszudrücken und eine Reihe von Alltagssituationen sprachlich zu bewältigen.

Wie ist dieses Ziel zu verwirklichen? Wir gehen davon aus, dass es elementare Mitteilungsbedürfnisse gibt, wenn man sich mit Menschen und Gegebenheiten in einem anderen Land auseinandersetzt. Diese können rein praktischer Art sein, wie z. B. beim Einkauf, Restaurantbesuch oder auch beim Erwerb einer Fahrkarte. Sie können jedoch auch auf zwischenmenschlicher Ebene liegen. Sie möchten beispielsweise über sich und über Ihre Lebensbedingungen berichten und von Ihrem Gesprächspartner etwas über die Seinen erfahren. All dies bezieht *Dänisch neu* in sein Konzept ein. Es geht von den Sprechabsichten des Lernenden aus und stellt das Gespräch in den Mittelpunkt des Lerngeschehens. Durch kleine Dialoge und Sprechmuster werden Sie dazu angeleitet, sich Ihrem Gesprächspartner mitzuteilen. Auf diese Weise eignen Sie sich Sprachkenntnisse an, die einen hohen Übertragungswert besitzen. Mit Hilfe von Hörverständnisübungen und einem ausführlichen Aussprachetraining im Arbeitsbuch lernen Sie allmählich, Situationen sprachlich zu bewältigen, wie sie im dänischen Alltag vorkommen, und über Themen zu diskutieren, die von allgemeinem Interesse sind. Dies wird besonders durch Partner- und Gruppenübungen sowie durch Rollenspiele erreicht – und damit das Lernen noch mehr Spaß macht, durch gezielte Lernspiele.

Grammatik wird nicht als Selbstzweck angesehen, sondern als Hilfe zum korrekten Sprechen. Um Sie nicht unnötig zu belasten, werden die grammatischen Strukturen aus dem tatsächlichen Sprachgebrauch heraus schrittweise entwickelt und geübt. Systematische Darstellungen im Arbeitsbuch erleichtern das Erkennen der Regelhaftigkeit und somit das Einprägen der Strukturen.

Lesetexte, Briefe und Realien (Zeitungsanzeigen, Fahrplanauszüge, Werbung, Witze usw.) sollen Spaß am Umgang mit der dänischen Sprache vermitteln.

Wir hoffen, dass es uns gelungen ist, den Zugang zur dänischen Sprache leicht und anregend zu gestalten, und wünschen Ihnen viel Spaß und Erfolg beim Lernen.

Autorin und Verlagsredaktion

Inhalt

Übersichten und Erklärungen zu den grammatischen Strukturen im Lehrbuch finden Sie im Arbeitsbuch.

Übersichten der Übungsanweisungen und der häufig verwendeten Kurzformen des Dänischen finden Sie innen auf den Umschlagseiten.

Lektion 1

1

Fortæl om dig selv.

2

Spørg andre på holdet.

3

Fortæl om dig selv.

4

Hej!

Hej!

Dav!

Godmorgen!

Goddag!

Godaften!

5

Fortæl om dig selv og spørg andre på holdet.

6

Se på billedet og spørg andre på holdet.

Spørg også:

Hvor	kommer	Ilse	fra?
	er	Wolfgang	
		du	
		…	

– Hun	kommer fra	København.
– Han	er fra	Danmark.
– Jeg		Tyskland.
		Østrig.
		Schweiz.
		…

7

a. Lyt og øv udtalen.

Lars Ibsen, Århus
Jens Johansen, Odense
Inge Humlum, Ålborg
Søren Andersen, Ringkøbing

Arne Østerberg, Nykøbing
Elly Olsen, Nyborg
Karen Lund, København
Bernhard Nielsen, Sønderborg

b. Spørg en anden på holdet.

Hvor er **Lars** Ibsen fra?

– **Han** …

Hvor er **Elly** Olsen fra?

– **Hun** …

8

Fortæl, hvad en anden på holdet hedder: *Det er …*

9

På en campingplads

(▲ = *Lene*, ● = *Helga*, ■ = *Ole*)

▲: Hej!
●: Hej!
▲: Er du også fra Danmark?
●: Nej, jeg kommer fra Tyskland.
▲: Fra Tyskland! Du er vel nok god til at tale dansk!
●: Tak! – Hvad hedder du?
▲: Lene Olsen. – Og hvad hedder du?
●: Jeg hedder Helga Steffen. Hvor i Danmark kommer du fra?
▲: Fra Ålborg. – Der kommer Ole. Ole, det er Helga. Helga er fra Tyskland.
■: Dav!
●: Dav!

10

Alfabetet

A B C D E F G

H I J K L M N

O P Q R S T U

V W X Y Z Æ Ø Å

11

I en hotelreception

▲: Goddag, mit navn er Pontoppidan.
●: Øh … undskyld … hvad hedder De?
▲: Pontoppidan. P-O-N-T-O-P-P-I-D-A-N.

Øv dialogen sammen med en anden på holdet.
Du er ▲. Du hedder: Jensen, Hansen, Høng, Ålbæk og Mærsk.
Hvad hedder du i virkeligheden?

12

Lektion 2

nach dem Befinden fragen
sagen, wie es einem geht

1

I et supermarked

▲: Dav, Thomas!
●: Hej, Inger! Hvordan går det?
▲: Det går meget godt. Og hvordan går det med dig?
●: Tak, det går fint.

2 Lytteøvelse

Pia ringer til Rita

Lyt først.

Hallo.
Det er Rita.

Åh, det går ikke særlig godt. Jeg har influenza.

Og hvordan går det med dig?

Skriv nu dialogen færdig.
Indsæt:
– Uha!
– Tak, det går fint.
– Dav, Rita. Det er Pia. Hvordan går det?

3

Spørg på holdet:

Hvordan går det?

(Tak,) det går	fint.
	godt.
	meget godt.
	ikke så godt.
	ikke særlig godt.

4

I baren på et hotel

▲: Jeg hedder Otto.
●: Goddag, hr. Otto!
▲: Nej, ikke hr. Otto! Otto er mit fornavn, ikke mit efternavn.
●: Nåh, undskyld! – Dav, Otto!

5

Spørg en anden på holdet:

Hvad hedder	du/De	til efternavn?
	Helmut	
	…	
	hr. Becker	til fornavn?
	fru Graf	
	…	

6

Tal

0 nul	**1** en/et	**2** to	**3** tre	**4** fire	
5 fem	**6** seks	**7** syv	**8** otte	**9** ni	
10 ti	**11** elleve	**12** tolv	**13** tretten	**14** fjorten	
15 femten	**16** seksten	**17** sytten	**18** atten	**19** nitten	**20** tyve

7

Det her er telefonnumre.

Hjælp en anden på holdet med at taste!
F.eks.: 53 17 69 41

Tast fem – tre – et – syv – seks – ni – fire – et.

Tlf. 75 33 86 11

62 67 15 87

86 84 15 69

97 88 10 35

33 65 83 24

56 97 51 74

8

Bankospil

Skriv: Tal fra 1–20. Se i øvebogen.

spil 1

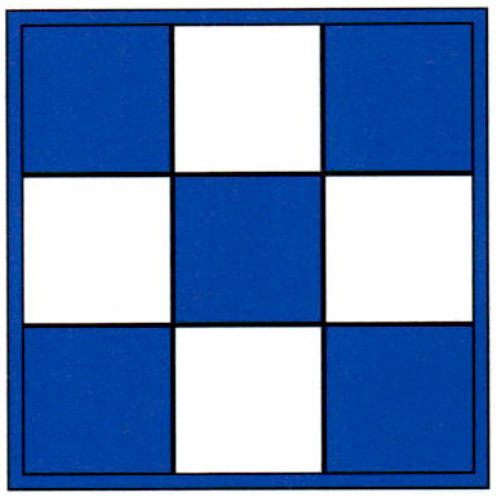

spil 2

spil 3

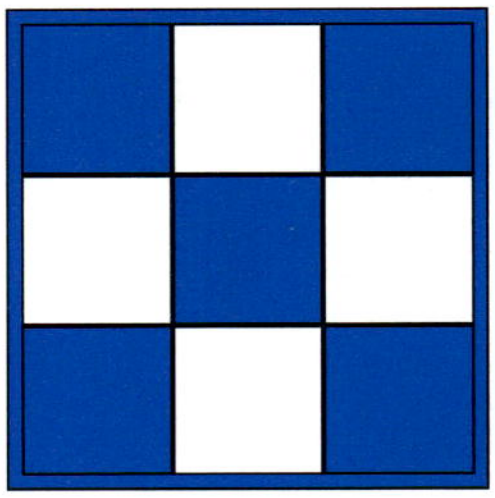

spil 4

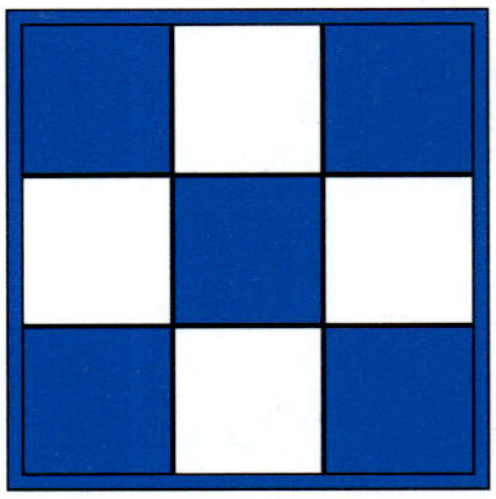

9

Spørg andre på holdet.

Hvad er seks plus tre?

– Seks plus tre er ni.

Hvad er tyve minus to?

– Tyve minus to er atten.

20 – 3 =
13 + 6 =
9 + 2 =
8 – 7 =

10 9 Lytteøvelse

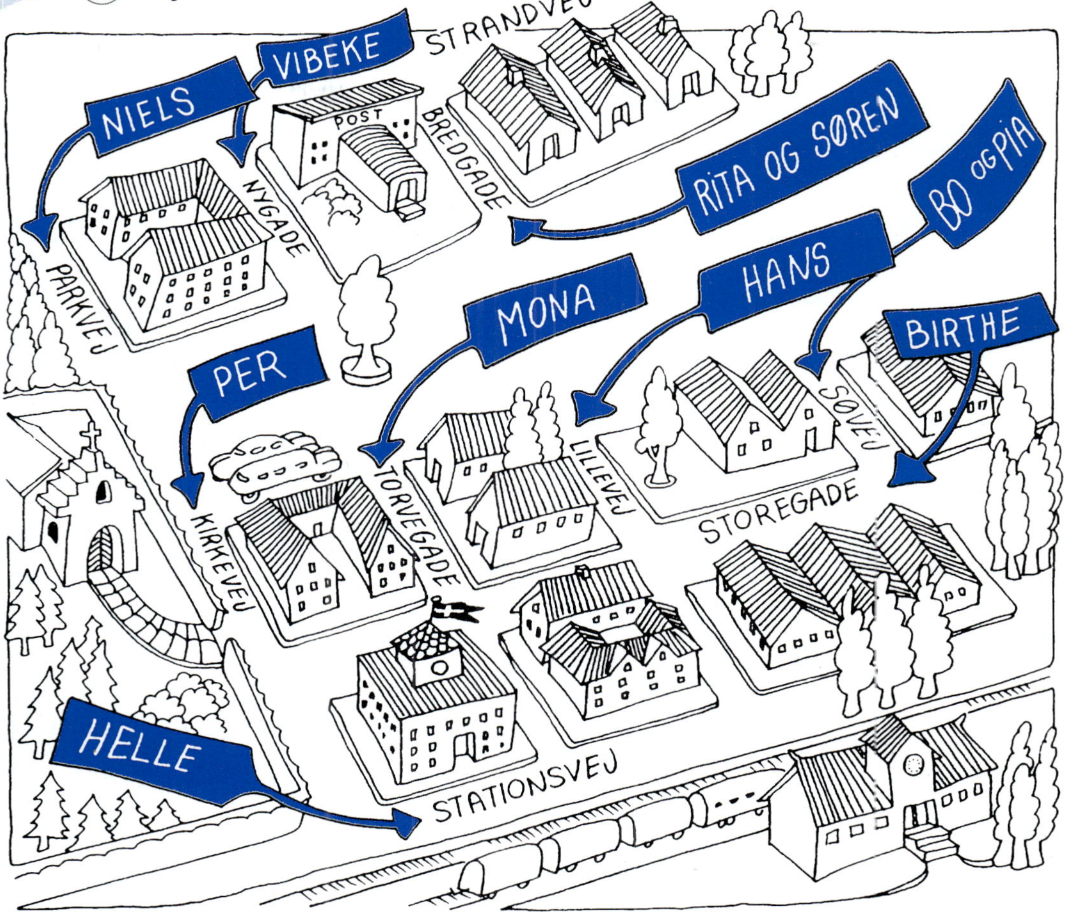

Strandvej
Bredgade
Nygade
Parkvej
Søvej
Lillevej
Torvegade
Kirkevej
Storegade
Stationsvej

a. Lyt og sæt ✗ ved de navne, du hører.

b. Se på billedet og spørg på holdet:

Hvor bor	Birthe?
	Niels?
	Rita og Søren?
	…
	du?

– Hun	bor	**i** Store**gade**.
– Han		**på** Park**vej**.
– De		…
– Jeg		…

11

Spørg på holdet:

Bor du Bor du også	i byen? på landet? i (en) lejlighed? i (et) hus? på (et) værelse? på en gård? i Zürich? i Hamborg? i Linz?

– Ja, det gør jeg.
– Nej, det gør jeg ikke. Jeg bor…

12

Hr. Gründer og hr. Jensen på en p-plads

(▲ = *hr. Gründer,* ● = *hr. Jensen*)

●: Jeg ser, du kommer fra Tyskland.
▲: Ja, det gør jeg. Fra Hamborg.
●: Jeg kender Hamborg. Hvor bor du?
▲: Jeg bor i Gaußstraße i Altona.
●: Den gade kender jeg ikke.
▲: Nej, Hamborg er en stor by. Hvor kommer De fra?
●: Jeg bor på landet. Jeg er fra Falster. Falster er en ø.
▲: Falster! … Ja, Falster kender jeg!
●: Nå, gør du det? Men jeg må videre, jeg har travlt. Hej!
▲: Hej – hej!

13 Lytteøvelse

I en hotelreception

(▲ = *receptionschef,* ● = *gæst*)

a. Hvad siger gæsten?
Skriv sammen med en anden på holdet.

Jeg bor på Humlevej 10, Viborg.
Niels.
Hansen.
Tak skal De ha'.

▲: Må jeg be' om Deres navn?
●:
▲: Tak …. og Deres fornavn?
●:
▲: Tak, – og hvor bor De, hr. Hansen?
●:
▲: Tak, hr. Hansen! De har værelse nr. 18. Værsgo, her er nøglen.
●:

b. Lyt til dialogen og check.

Lektion 3

1

Tal

10	ti	**60**	tres	**21**	enogtyve
20	tyve	**70**	halvfjerds	**22**	toogtyve
30	tredive	**80**	firs	**23**	treogtyve
40	fyrre	**90**	halvfems	**131**	et hundrede (og) enogtredive
50	halvtreds	**100**	(et) hundrede	**232**	to hundrede (og) toogtredive osv.

2

Telefonnumre

Du vil skrive telefonnumre ind på telefontavlen. En anden på holdet hjælper dig. Notér nummeret.

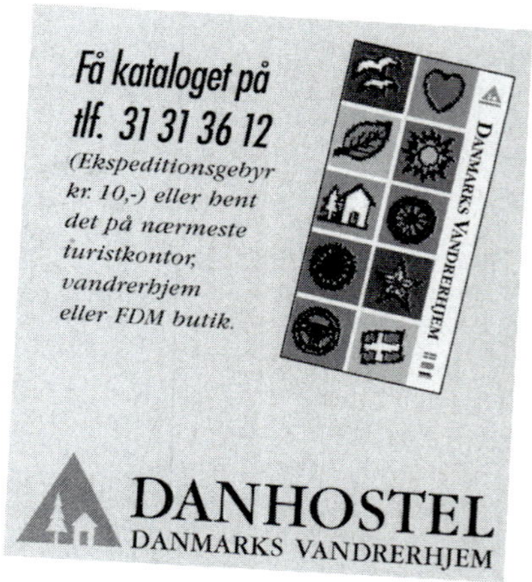

Falcks Redningskorps, Assistance:
☎ 70 10 20 30
FDM: ☎ 45 93 08 00

SAS, ☎ **32 32 00 00** og **Cimber Air, ☎ 74 42 22 23,** flyver fra København til: Karup, Aalborg, Tirstrup (Århus), Sønderborg, - og omvendt.

Maersk Air, ☎ 32 31 45 45, flyver fra København til: Billund, Esbjerg, Vojens, Odense og Rønne - og omvendt.

Hotelbooking København
Københavns Turistinformation
Bernstorffsgade 1
1577 København V.
Tlf. 33 12 28 80 (man-fre 9-17).
Fax 33 12 97 23.

Dansk Cyklist Forbund på
☎ 33 32 31 21

DSB information, ☎ 33 14 17 01
DSB pladsbestilling (daglig kl. 8-19)
☎ 33 14 88 00

Danmarks Turistråd
Vesterbrogade 6 D
1620 København V
☎ 33 11 14 15

Hvad telefonnummer har Københavns Turistinformation?

– Den har nummer treogtredive tolv otteogtyve firs.

Telefontavle

Navn	Tlf. nr.

3

a. Hvad telefonnummer har du?

Hvad telefonnummer har du?

– Jeg har nummer 5 23 54 72.

b. Du ringer til en anden på holdet.

5 23 54 72

– Det er Marianne.

Hej, Marianne. Det er Susanne.

– Hej! Hvordan går det?

Det går fint! Hvad med dig?

...

4

35 56 63 31 10 07 ... ...

Start på en ny runde.

5 Øv sammen med en anden på holdet.

Hun er 55 år.
Hvor gammel er hun?
Hun er 35.

Han er 29 år.
Hvor gammel er han?
Han er …

Hun er 15 år.
… … … …?
… … …

Han er 41 år.
… … … …?
… … …

Han er 67 år.
… … … …?
… … …

Hun er 76 år.
… … … …?
… … …

Spørg på holdet:

Hvor gammel er	du? din mand/kone? Karsten/Inger? din ven/veninde? din kæreste?	Jeg Han Hun	er …

6

Et brev fra familien Andersen

Kære hr. og fru Müller!

Vi er en familie på fire. Jeg hedder Hans, min kone Birthe og vores to sønner Thomas og Erik. Vi bor på landet, men ikke på en gård. Vi bor i et lille hus på Falster. Falster er en lille ø i Danmark. Jeg er 40 og Birthe 37 år, Thomas er 12 og Erik 10.

Vi håber, at I skriver og fortæller noget om jer selv.

Med venlig hilsen

Hans Andersen

Hausaufgabe
Autobiografie / Dänisch

7

En lejlighed

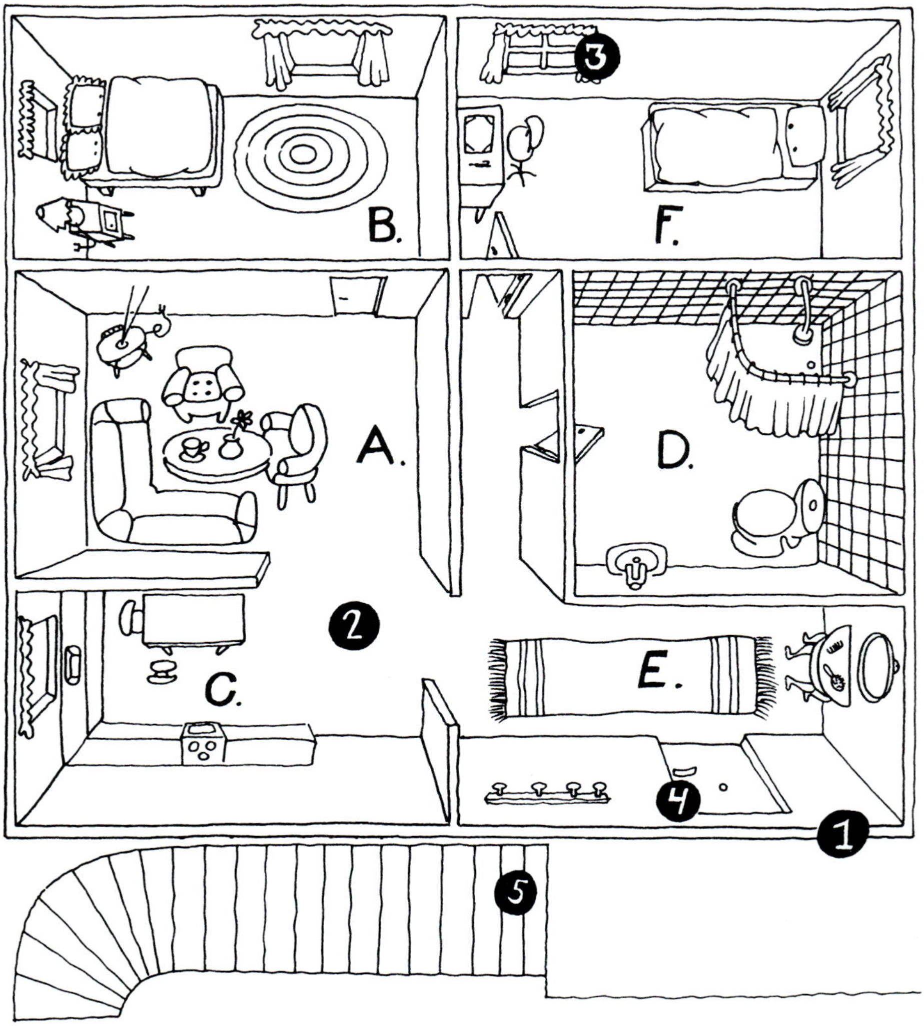

[A] en stue	[D] et badeværelse/et toilet	[1] en væg	[4] en dør
[B] et soveværelse	[E] en entré	[2] et gulv	[5] en trappe
[C] et køkken	[F] et værelse/et børneværelse	[3] et vindue	

Sæt A – F og 1 – 5 ind sammen med en anden på holdet.

Haus-aufgabe: Beschreibung der eigenen Wohnung

8

Fortæl noget om dig selv.

> I min lejlighed har jeg en stue og …

> mit hus har jeg …

Spørg en anden på holdet:

Har du (også)	en terrasse? en altan? en garage? en kælder? en have? …	– Ja, det har jeg. – Nej, det har jeg ikke.
Hvor stor er	din lejlighed? din have? …	– **Den** er på 80 m^2. … …
Hvor stor**t** er	di**t** hus? di**t** køkken …	– **Det** er på 94 m^2. … …

HUSK

en lejlighed	**et** hus
mi**n** lejlighed	mi**t** hus
di**n** lejlighed	di**t** hus
De**n** er …	De**t** er …

9

Se på annoncerne sammen med en anden på holdet. Hvad kender I?

Altan og fælles have
Stor lys 4 vær. m. parketgulve, termoruder, nyere køkken og badevær., centr. beligg., fjernvarme, vaskeri m.v. Udb. 42.000, br. 6.200. Sag 130.
Dan Team 39 61 74 00

God og billig - altan
Flot lys 2 vær. m. altan, stort karbadevær. og køkk. . Nt. 2.600, udb. 25.000. Sag 131.
Dan Team 39 61 74 00

AMAGER

Boligareal: 54 kvm Etage: 3. sal
Værelser: 2 Altan: nej
Elevator: nej Byggeår 1997

Prags Boulevard
Starten af Amager
✗ Stor stue m. buet karnap
✗ Nyere elementkøkken
✗ Stort soveværelse
✗ Gode parkeringsforhold
Kt.pris/udb. 229.000/25.000
Br./nt. 2.777/2.247/Sag 883
Tlf. 31 54 36 11

10 (13)

I Danmark

(▲ = fru Steiner, ● = Hans Hansen,
■ = hr. Steiner)

▲: Goddag, det er familien Steiner fra Tyskland. Vi har lejet et sommerhus hos Dem.
●: Goddag og velkommen! Det er nok bedst, jeg kører med jer ud til sommerhuset.

I sommerhuset.
●: Det her er entréen. Og her har vi badeværelset.
■: Og den dør?
●: Det er et lille værelse til børnene. – Nu kommer vi til stuen med køkkenet.
▲: Hvor er soveværelset?
●: Det er her. Vi kommer til det fra stuen. – Ja, jeg håber, alt er i orden. Værsgo, her er nøglen.
■: Tak skal De ha'!
●: God ferie!
▲: Tak skal De ha'!
●: Farvel!
▲: Farvel!

11

Spil situationen på holdet.

God ferie!

– Tak skal du ha'!

größere Zahlen
Jahreszahlen

Lektion 4

1 (14)

Tal

100 (et) hundrede

200 to hundrede

332 tre hundrede (og) toogtredive

961 ni hundrede (og) enogtres

1000 (et) tusind

45 000 femogfyrre tusind

1 000 000 en million

Årstal:

1945
nitten hundrede (og) femogfyrre

1998
nitten hundrede (og) otteoghalvfems

2002 to tusind og to

2 (15) Lytteøvelse

Lyt og sæt ✗ ved det tal, du hører.

8	48	33	27	309	595	713	1945
18	88	63	29	319	555	1713	1998

3

Bilpriser i Danmark

Det her er en annonce fra en avis. Snak med en anden på holdet om biler. Fortæl
- hvor gammel bilen er.
- hvor mange km den har kørt.
- hvad den koster.

Model	År	KM	PRIS
Audi 100 Avant 2.3	93	160	209.000
Audi 80 2.0 E	95	43	204.900
Citroën Xantia	93	70	112.000
Ford Escort 1.3	93	119	71.900
Ford Mondeo 5 d	94	57	125.000
Honda Accord 2.0 i	95	89	158.000
Mazda 323 1.6 LX 3-d.	92	48	119.900
Mazda 626 1.8 GLX	94	109	121.900
Mercedes C 250 D	95	265	279.800
Opel Vectra 1.8 i	92	196	84.900

Du siger f.eks.:

Der er en Audi fra 1995.

Den koster 204.900 kr.

Den har kørt 43.000 km.

Fortæl om din *egen* bil og prøv at sælge den.

4

Møbler og ting i værelset

Du får et nyt værelse. Du har 65.000 kr. og køber møbler. Hvad køber du?
Andre på holdet hjælper dig.

5

a. Du interviewer en anden på holdet.

Det her hjælper dig.

2 sofa**er**?	5 bord**e**?	12 lamp**er**?
6 reol**er**?	7 skab**e**?	bille**der**?
8 tæpp**er**?	2 fjernsyn?	maler**ier**?
2 seng**e**?	10 stol**e**?	3 radio**er**?

Hvor mange tæpper har du i din lejlighed?

– Jeg har 14 tæpper.

– Øh – jeg tror, jeg har …

b. Nu snakker I om det på holdet.

Peter har 2 sofaer.

Silke har kun én.

Daniel har 4 sofaer!

6

Hvilken stol kan du bedst li'?

– Jeg kan bedst li' stolen til … kr. (am besten)

– Jeg kan bedre li' stolen til … kr. (– Liebes)

Det her er stole fra et katalog.

Hvilken stol kan I bedst li'? Snak om det i grupper.

Den kan jeg ikke li (de).

Jeg kan	godt bedre bedst ikke slet ikke	li'	stolen til … kr.
	slet ikke		nogen af dem.

7 16

På indkøb i en møbelforretning

(▲ = Birthe, ● = Hans, ■ = salgsassistent)

Birthe og Hans Andersen køber møbler.
▲ ●: Goddag – Goddag.
■: Goddag. Kan jeg hjælpe jer?
▲: Vi vil gerne se på et spisebord.
■: Her har vi nogle spiseborde.
▲: Jeg kan godt li' det her.
●: Ja, det kan jeg også godt li'. Hvad koster det?
■: Det koster 5.995 kr.
▲: Det er for dyrt. Har I ikke et bord, der er billigere? Det er til sommerhuset.
■: Hvad med det her bord? Det koster kun 1.695 kr.
●: Ja – det kan jeg også godt li'.
▲: Jeg kan bedre li' det her bord – og det koster kun 1.395 kr. Hvad synes du, Hans? Ska' vi ikke ta' det?
●: Jo, det kan jeg også bedst li'. Det er et dejligt bord. Det ta'r vi!
Kan jeg betale med dankort?
■: Ja, det kan du godt. Du kan betale henne ved kassen.

8

HUSK

et bord	Hvad koster **det** her? **Det** koster 1898 kr. **Det** kan jeg godt li'. **Det** ta'r **jeg.**
en stol	Hvad koster **den** her? **Den** koster 798 kr. **Den** kan jeg godt li'. **Den** ta'r jeg.
to senge	Hvad koster **de** her? **De** koster 1498 kr. **Dem** kan jeg godt li'. **Dem** ta'r jeg.

9

Nu køber du møbler i Danmark.

– Den koster..

Jeg vil gerne se på en stol.

Hvad koster den her?

Det er dyrt.

Det er for dyrt.

Det er ikke billigt.

Godt, vi ta'r den.

værsgo · bitte sehs

10

Du kan også købe andre ting. Se på billederne.

Hvad vil du købe?
Lav dialoger sammen med en anden på holdet.

HUSK

Det bli'r

1,50 kr.	halvanden krone
2,50 kr.	to-en halv
2,75 kr.	to-femoghalvfjerds
13,95 kr.	tretten-femoghalvfems

Lektion 5

1

En familie

forældre
en mor
en far

et barn
en datter
en søn

søskende
en søster
en bror

bedsteforældre
et barnebarn
børnebørn

Hvordan er de i familie med hinanden? Lav sætninger.

2

a. Se på familien. Hvor gamle er personerne?

Skriv spørgsmål sammen med en anden på holdet.

Hvor gammel er	Lises søn? Torbens datter? …

I har 5 minutter til at skrive.

b. 2 grupper går nu sammen og spørger hinanden.

Hvor gammel er Lises søn? Hvad tror I?

– Jeg tror, hendes søn er …

Og Torbens datter?

– Jeg tror, hans datter er …

HUSK

Lises søn	**hendes** søn
Torbens søn	**hans** søn

3

Spørg en anden på holdet:

Er du gift?	– Nej, det er jeg ikke.	Jeg er	ugift. forlovet. separeret. skilt. enke/enkemand.	
		Jeg bor sammen med min kæreste.		
	– Ja, det er jeg.			
Har du børn?	– Nej, det har jeg ikke. – Nej, jeg har ikke nogen børn.			
	– Ja, jeg har	et barn. to børn.	En pige og en dreng. En datter og en søn.	
		to tre …	piger/døtre. drenge/sønner.	
Hvor gamle er de?	– Min datter/min pige – Min søn/min dreng	er	12. …	
	– Mine døtre/mine piger – Mine sønner/mine drenge	er	4 og 7. …	

4

Et brev fra Birthe Andersen

Stubbekøbing, november 1997

Kære Rita!

Tak for jeres brev! Hvordan har I det?

Hans har desværre ikke tid til at skrive i dag. Han er i byen. Han køber ind til en familiefest.

Hans' far bliver 70, så vi har meget travlt. Det bliver en stor fest med mange mennesker. Hele familien, alle naboerne og mange venner og bekendte kommer. Vi bliver 50 personer, 35 voksne og 15 børn. Farfar glæder sig mest til at se alle sine børnebørn.

Der er meget arbejde før festen, men min søster kommer og hjælper.

Jeg har desværre ikke tid til at skrive mere, jeg skal til frisør.

Med venlig hilsen
Birthe Andersen

Rigtigt eller forkert?

Hans skriver brevet.
Hans har ikke tid.
Birthes far bliver 70.
Kun familien kommer.
Der kommer 15 voksne og 35 børn.
Birthes mor kommer og hjælper.
Birthe skal til frisør.

HUSK

barn		voksen
pige	♀	kvinde
dreng	♂	mand

Verwandte und Freunde
eine Glückwunschkarte schreiben
sich verabschieden

5

I har fotos af jeres familie og venner med og fortæller, hvem der er hvem.

Det er min mand!

– Hvad hedder din mand?

Det er min datter!

– Hvad hedder din datter?

Det er mine søskende!

– Hvad hedder dine søskende?

Hvem er det?

HUSK

en datter	**et** barn	**3** børn
mi**n** datter	mi**t** barn	mi**ne** børn
di**n** datter	di**t** barn	di**ne** børn

6

Rita Müller skriver et kort til Hans Andersens far på Falster.

Kære hr. Andersen!

Hjertelig til lykke med fødselsdagen!

Vi håber, at De har det godt,
og at det bliver en rigtig god fest,
De vil huske længe!

Venlig hilsen

Rita og Herbert Müller

7

Godnat.
Kom godt hjem!

Tak i lige måde!
Godnat!

gentage: wiederholen

Lektion 6

1 

Ting i klasseværelset

Hvad hedder det her på dansk?

Undskyld! Det forstod jeg ikke! Vil du ikke godt tale lidt langsommere?

– Det er …

Hvad hedder „tændstikker“ på tysk?

Hvabehar? Vil du ikke godt gentage det?

– Jo, gerne.

Hvad betyder „gentage“?

Vil du ikke godt skrive det?

– Jo, det skal jeg nok.

a. Spørg en anden på holdet:

Hvad hedder kuglepen på tysk?

– Det er …

Hvad betyder frimærke?

– Det ved jeg ikke!

en kuglepen	Kugelschreiber
en taske	
en bog	
et frimærke	
briller	
cigaretter	
en lighter	
tændstikker	
et hæfte	
…	

b. Spørg også din lærer, hvad forskellige ting i klasseværelset hedder på dansk.

Hvad hedder „Wörterbuch“ på dansk?

– Ordbog.

Hvordan skriver man det?

– o – r – d – b – o – g

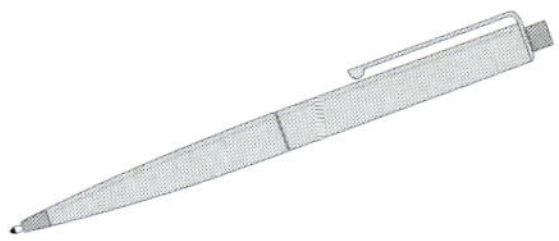

2

Spørg en anden på holdet:

Må jeg (godt) låne	din kuglepen? dit hæfte? dine tændstikker? …	– Ja, gerne. Værsgo. – Ja, det må du godt. – Ja, selvfølgelig. – Nej, det må du ikke.
Tak for lån.		– Selv tak!

et ur
briller
en taske
nøgler
cigaretter
en lighter
tændstikker
et hæfte
en kuglepen
en blyant
en ordbog
en øvebog

3

Familien Danmark

a. Se på statistikken og spørg en anden på holdet, hvad de her ord hedder på dansk:

Waschmaschine en ____________
Geschirrspüler en ____________
Wäschetrockner en ____________

CD-Player en ____________
Videogerät en ____________
Computer en ____________

Anrufbeantworter en ____________
Mobiltelefon en ____________
Faxgerät en ____________

Hvad hedder „Wäschetrockner" på dansk?

Hvor mange familier i Danmark har en vaskemaskine? Hvor mange en computer? Det fortæller statistikken* om.

Tørretumbler	36%
Vaskemaskine	74%
Opvaskemaskine	40%
Mikrobølgeovn	44%
Video	79%
CD-afspiller	79%
PC/Hjemmecomputer	48%
Telefonsvarer	39%
Mobiltelefon	43%
Telefax	12%
Videokamera	16%

* 1997

b. Holdets statistik

– *vaskemaskine* ~~////~~ /
– *opvaskemaskine* ///
– *tørretumbler* ///
– *cd-afspiller* ~~////~~ ~~////~~
– …

4

a. Kirsten og Ivans hus

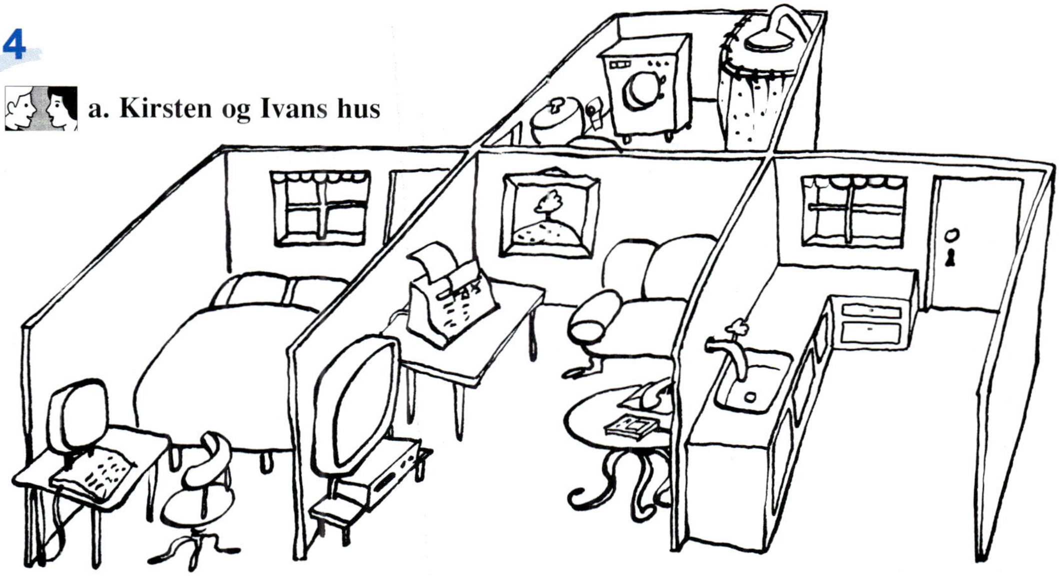

Hvor har de deres ting? Snak med en anden på holdet.

De har deres computer i soveværelset.

De har ikke nogen opvaskemaskine.

Deres vaskemaskine står i ...

b. Snak med andre på holdet.

Hvor har du din computer?

– Min computer står i ...

Hvor har I jeres fjernsyn?

– Vores fjernsyn står i ...

5

Snak med et par andre på holdet.

Hvad kan I fortælle om jeres gruppe? I skriver så mange sætninger med „vores“, som I kan.

biler fjernsyn
vaskemaskiner ...
børn ... nøgler

6

Skriv sammen med en anden på holdet.

jeg	du	han	hun	den	det	vi	I	de
min				dens	dets		jeres	
mit								
mine								

7 (17)

I en bank

Herbert Müller (= ▲) er i Danmark og har brug for danske kroner.
I banken spørger han bankassistenten (= ●):

▲: Jeg har en tysk euro-check. Hvor mange danske kroner kan jeg skrive den på?
●: De kan skrive den på 1500 kroner.
▲: Så meget?
●: Ja, det er rigtigt. – Vil De være så venlig at skrive Deres navn her?
▲: Æh, undskyld – men vil De ikke godt tale lidt langsommere?
●: Jo, selvfølgelig – undskyld. – Vil De være så venlig at skrive Deres navn her? – De får pengene ved kasse 2.
▲: Tak skal De ha'!
●: Selv tak!

8

Nu skal I have penge.

Skriv en dialog sammen med en anden på holdet og spil den bagefter for de andre.

Man kan også sige:

Jeg vil gerne ha' vekslet Kan I veksle Kan du veksle	nogle DM. nogle østrigske schilling. nogle schweiziske francs. en 200-kroneseddel.

9 18

På gaden

▲: Undskyld, kan du sige mig, hvor der er en pengeautomat?
●: Ja, der er en pengeautomat henne ved sparekassen.
▲: Er det langt?
●: Nej, kun 300 m hen ad gaden.
▲: Tak skal du ha'!
●: Det var så lidt.

10

Lektion 7

1

Hvad er klokken?

2 Lytteøvelse

(19)

Lyt og sæt ✗ ved det, du hører.

10.00	9.30	17.30	19.45	21.45	10.05	12.25	17.35	6.05
9.00	8.30	16.30	18.45	21.15	11.05	12.35	17.25	5.55

3

Øv sammen med en anden på holdet.

Hvad er klokken?

– Den er fem minutter over halv otte.

6.05 – 1.45 – 9.30 – 12.15 – 9.50 – 14.40 – 7.05 – 11.27 – 17.55 – 18.45 …

4 

▲: Kan du sige mig, hvad klokken er?
●: Ja, den er halv tre.
▲: Tak for det.
●: Selv tak!

Tak for det.

– Selv tak!

5

HUSK

	Man siger:	I radioen, ved køreplaner osv.:
7.00	klokken syv (om morgenen)	klokken syv
10.00	klokken ti (om formiddagen)	klokken ti
14.00	klokken to (om eftermiddagen)	klokken fjorten
20.00	klokken otte (om aftenen)	klokken tyve
7.05	Den er fem minutter over syv.	Klokken er syv-nul-fem.
19.48	Den er tolv minutter i otte.	Klokken er nitten-otteogfyrre.
20.15	Den er kvart over otte.	Klokken er tyve-femten.

6 

Åbningstider

mandag	6^{30}–17^{30}	torsdag	6^{30}–17^{30}
tirsdag	6^{30}–17^{30}	fredag	6^{30}–19^{00}
onsdag	6^{30}–17^{30}	lørdag	7^{00}–13^{00}
		søndag	7^{00}–12^{00}

Hvad slags butik er det? Hvad tror du? – Ja, det er rigtigt! Det er en bager.

Se på åbningstiderne og spørg:

Hvornår	åbner lukker	butikken	om tirsdagen? om onsdagen? …

– Den	åbner lukker	klokken halv syv. …
– Der	er åbent er lukket	til klokken et. fra kl. … til kl. … …

7

a. Lene Hansen ringer til en håndværker.

Lene Hansen: Hvornår kan du komme?
Lars Jensen: Jeg kommer på tirsdag kl. 9.
Lene Hansen: Godt. Så ses vi på tirsdag kl. 9.
Lars Jensen: Ja, det gør vi.

b. Nu ringer du til en håndværker.

Din håndværker kommer ikke på tirsdag og ikke kl. 9, men på et andet tidspunkt.

Vi ses på onsdag.

– Ja, det gør vi.

8 (21)

En telefonsamtale

▲: Maria Spangenberg.
●: Hej Maria. Det er Svend!
▲: Hej. Hvordan går det?
●: Det går fint. Du, jeg kommer på lørdag!
▲: Gør du? Ih, hvor er det dejligt! Hvad tid kommer du?
●: Jeg kommer med rutebilen klokken halv to.
▲: Fint! Jeg henter dig ved stoppestedet.
●: Det bli'r dejligt! Vi ses!
▲: Ja, det gør vi. Hej.
●: Hej – hej.

9

Se på telefonsamtalen mellem Maria og Svend.
Skriv en dialog og spil den sammen med en anden på holdet.

tirsdag – 10.50 – med toget – ved toget
mandag – 9.30 – med fly – i lufthavnen
søndag – 19.15 – med færgen – ved færgen

10 (22)

En telefonsamtale med et færgekontor

▲: Goddag, kan du sige mig, hvad tid der sejler en færge fra Rudkøbing til Strynø?
●: Ja, hvad dag vil du sejle?
▲: På mandag – om formiddagen – ca. klokken 11, hvis der er en afgang.
●: Et øjeblik. På hverdage sejler der en færge klokken 09.50, og så er næste afgang klokken 14.00.
▲: Er der ikke andre afgange?
●: Nej, det er der desværre ikke.
▲: Nå. Hvad tid er så sidste afgang fra Strynø samme dag?
●: Hvis det altså også skal være mandag, så er sidste afgang klokken 18.00.
▲: Godt – du skal ha' mange tak! Farvel!
●: Selv tak! Farvel!

Tak skal du ha'!

– Selv tak!

11

Nu ringer du til færgekontoret.

En anden på dit hold er manden/damen på færgekontoret og ser på sejlplanen.
Notér først, hvornår du vil sejle, f.eks. lørdag aften/søndag morgen.

34 Rudkøbing - Strynø
Overfartstid: ca. 35 minutter
Mødetid: senest 10 minutter før afgang

SEJLPLAN

Gyldig hverdage undtagen lø							
fra Rudkøbing	05.25	06.35	08.00	09.50	14.00	16.00	17.20
	a19.50	a21.20					
fra Strynø	06.00	07.15	08.40	11.10	15.00	16.40	18.00
	a20.30	a21.55					
Gyldig lø							
fra Rudkøbing	07.30	09.50	13.00	16.20	b17.40		
fra Strynø	08.10	10.30	13.45	17.00	b18.25		
Gyldig søn- og helligdage							
fra Rudkøbing	08.00	10.00	11.50	15.00	16.25	17.50	19.15
fra Strynø	08.40	11.10	12.30	15.40	17.10	18.30	20.00

a: kun fr. **b:** kun i perioden 8/6-10/8

12

HUSK

1 år = 12 måneder = 52 uger = 365 dage
1 døgn = 24 timer
1 time = 60 minutter
1 minut = 60 sekunder
fredag aften + lørdag + søndag
= 1 weekend

13

Familien Hansen flytter fra Havnegade til Stationsvej.

Ole tænker: Han spørger:

a. Hvilke ting og møbler tænker han også på? Hvad tror I?

Ole Hansen tænker også på	tæpper.
	billeder.
	borde.
	lamper.
	…

b. Hvad spørger han om? Skriv sammen med en anden på holdet.

Hvor er	tæpper**ne**?
	billeder**ne**?
	borde**ne**?
	lamper**ne**?
	…

c. Rollespil

En på holdet er Ole Hansen. De andre er børnene og Lone Hansen.

Ole Hansen spørger:

Hvor er	bordene?
	stolene?
	…

Børnene/ Lone Hansen svarer:

– De er	i entréen.
	i stuen.
	…

14

Vi laver et spil: Memory

I grupper laver I små tegninger på 20 små kort, se billedet.
Bag på kortene skriver I de her tal:
1 – 10 – 2 – 9 – 3 – 8 – 4 – 7 – 5 – 6 – 6 – 5 – 7 – 4 – 8 – 3 – 9 – 2 – 10 – 1.
Nu kan I spille. Læg kortene på bordet. I kan ikke se tallene. En på holdet er spillets leder. 1. spiller siger til spillets leder, hvilke to kort, han/hun gerne vil ha'. I vender kortene, kigger på de to tal bag på kortene og adderer: Bli'r det 11? Hvis ikke, lægger spillets leder kortene tilbage, og næste spiller prøver.

15 23

DET ENESTE RIGTIGE!

Når klokken er 11 i Danmark,
er den 5 i U.S.A.,
10 i London, og 18 i Kina,
og 13 omkring Moskva.

Hvor er vi danske et udvalgt folk,
at vi netop er født i selve
det lille velsignede land, hvor klokken
er 11, når den er 11.

Piet Hein

Lektion 8

1 

I en beboelsesejendom

Torsten Kjær	6.	Dorte Virum Kragh
I. Hansen	5.	Jens og Ingrid Due
Mads Pedersen	4.	Rita Nielsen
Sanne Havgård	3.	K. Lund / G.Nyrup
Asger Jensen	2.	J. Jessen
Bo Madsen	1.	Pia og Karsten Hansen
Cecilie Olsen	St.	Arne Jørgensen

Spørg på holdet:

Undskyld, kan	du De	sige mig, hvor	familien Lund Asger Jensen Cecilie Olsen …	bor?

– Ja,	de han hun	bor	i stuen. på	 første anden tredje fjerde femte sjette	 (sal).

2

1. første	7. syvende	14. fjortende
2. anden	8. ottende	15. femtende
3. tredje	9. niende	16. sekstende
4. fjerde	10. tiende	17. syttende
5. femte	11. ellevte	18. attende
6. sjette	12. tolvte	19. nittende
	13. trettende	20. tyvende

21. enogtyvende	30. tredivte
22. toogtyvende	31. enogtredivte
23. treogtyvende	osv.

3

Fødselsdag

Hvornår har	din veninde du	fødselsdag?
Hvornår er	din mand …	født?

Hvor er du født?

– Hun – Jeg – Han	har fødsels-dag	den 2. januar. den … februar. den … marts. den … april. den … maj. den … juni. den … juli. den … august. den … september. den … oktober. den … november. den … december.
	er født	

– Jeg er født på Bornholm.

4

En fødselsdagskalender

Spørg på holdet.

Hvem har fødselsdag i januar?

– Det har jeg.

Hvornår?

– Den 6. januar.

Skriv alle navnene og datoerne op på tavlen.

5

En travl forretningsmands kalender

Mads er forretningsmand og rejser meget. Pia, hans kæreste, vil gerne vide, hvornår han er hjemme.
Se på kalenderen (s. 52) og øv sammen med en anden på holdet.

Pia:

Er du hjemme	torsdag den ellevte april? …

Mads:

– Nej,	torsdag den ellevte april …	er jeg	i Århus. …
– Ja,	det er jeg.		

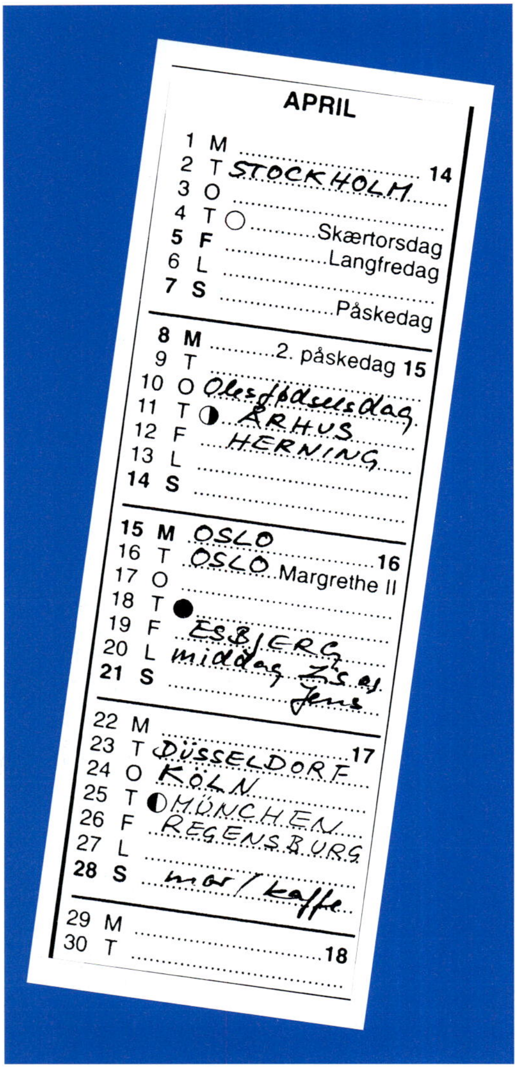

6 25

En invitation til middag

Inger (= ●) er Pias veninde. Hun ringer til Pia for at invitere Pia (= ▲) og Mads til middag.

▲: Det er Pia.

●: Ja, dav, Pia. Det er Inger.

▲: Dav, Inger. Hvordan går det?

●: Fint! Hvad med jer?

▲: Jo tak, det går – vi har meget travlt for tiden, og Mads er tit på forretningsrejse.

●: Nå, det er ikke så godt. Jeg ringer ellers for at spørge, om I kan komme til middag torsdag den 11. april, sådan ved syvtiden.

▲: Lad mig kigge i vores kalender. Åh, det er en skam, den 11. april er Mads i Århus.

●: Kan I ikke komme næste dag, fredag den 12.?

▲: Nej, så er Mads i Herning. Han kommer nok sent hjem, og han er altid meget træt efter en forretningsrejse.

●: Så må vi finde en anden dag. – Hvad med fredag den 19. april?

▲: Nej, den dag kan vi heller ikke. Min bedstemor har fødselsdag, og Mads er i Esbjerg om eftermiddagen.

Pia og Inger taler videre. Hvad siger de?

Kan I komme ...?

Hvad med fredag?

Hvad dato er det?

7 

Her har du en kalender for juni. Juni er en travl måned. Skriv 10 ting ind i kalenderen, f.eks. mors fødselsdag, middag hos Nielsens, forretningsrejse til London, osv.
Du vil gerne invitere en anden på holdet. Snak om det og find en dag, hvor I begge kan.

Kan du komme	fredag den …? søndag den …? …

– Ja, det kan jeg (godt).

– Nej, det kan jeg desværre ikke.
Den dag er jeg …

– Åh, det er en skam.
Den dag kan jeg desværre ikke.

Jeg skal	til koncert. besøge min mor. til fødselsdag. i teatret. …

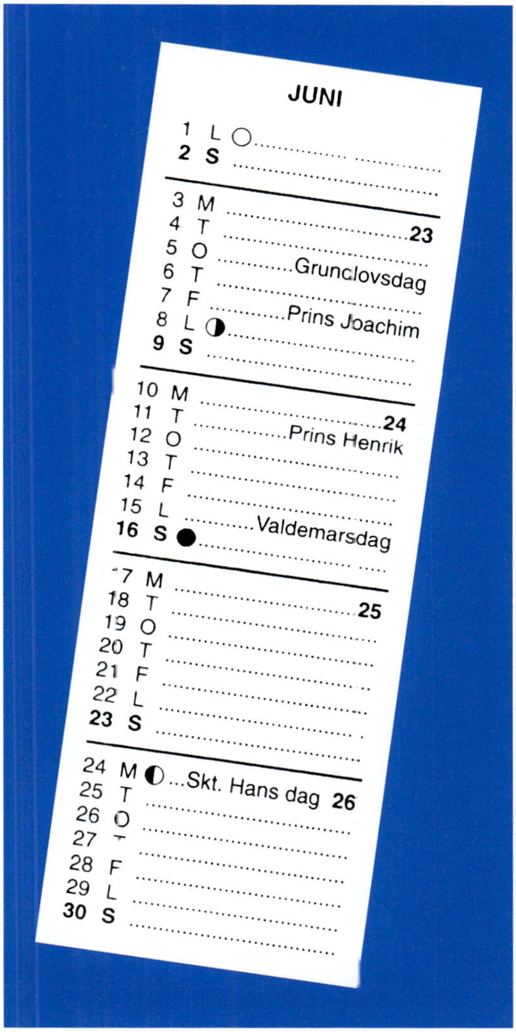

8

Flyv til syden

Det her er en annonce fra en dansk avis med billige flyrejser.

Spørg en anden på holdet.

Hvor vil du rejse hen?

Hvornår vil du rejse?

Hvor længe vil du være væk?

Hvad koster rejsen?

Star★Tour

FALKE REJSER FRITIDSREJSER SOL-REJSER

SOL & SOMMER TIL ÆGTE SPAREPRISER

Dato	Priser Kastrup	1 ug.	2 ug.
05/06	Alanya	1198	for sent
06/06	Vestkreta	1498	for sent
06/06	Østkreta	1498	1998
06/06	London t/r	4 dg	1298
07/06	Malaga t/r	998	1098
07/06	Athen t/r	1098	for sent
07/06	Tolon/Poros	1498	for sent
07/06	Kos	1798	for sent
08/06	Alanya	12 dg	1798
08/06	Mallorca	1498	2498
09/06	Samos	1798	2798
10/06	Santorini	1998	2798
10/06	Cypern	1598	2498
11/06	Madeira	2198	2998
11/06	Chios	1798	2798
11/06	Tunesien	1998	2998
11/06	Tel Aviv t/r	1598	for sent
11/06	Mytilini	1798	2798
13/06	Østkreta	1598	for sent
13/06	London t/r	4 dg	1198
14/06	Malaga t/r	1298	for sent
14/06	Athen t/r	1098	for sent
14/06	Mamaris	1798	2798
14/06	Kos	1998	for sent
15/06	Alanya	1698	2798
15/06	Vestkreta	1798	2998
15/06	Mallorca	1998	2998
16/06	London t/r	1198	for sent
16/06	Rhodos	for sent	2998
16/06	Samos	1898	2998
17/06	Santorini	1998	2998
17/06	Cypern	2198	3998
18/06	Chios	1998	2998
18/06	Mytilini	2498	3928
18/06	Tel Aviv t/r	2198	2698
19/06	Korfu	2448	2848
20/06	Vestkreta	2388	3698
20/06	Østkreta	2648	3898
21/06	Malaga t/r	1498	for sent
21/06	Alicante t/r	2098	for sent
21/06	Marmaris	2598	3798
22/06	Bulgarien	2298	3248
23/06	London t/r	1698	for sent

o.s.v. hver uge i juli, august & september.

GRATIS
• Rejs 2 - betal for 1
Rabat fratrækkes prislistepris
12/6 Tyrkiet/Alanya, 1 uge

GRATIS
• Rejs 2 - betal for 1
Rabat fratrækkes prislistepris
13/6 Vestkreta, 1 uge

SAMOS
F.EKS. 9/6
• 1 uge fra 1798,-

KORFU
F.EKS. 12/6
• 1 uge fra 1598,-

TOLON/POROS
F.EKS. 14/6
• 1 uge fra 1598,-

ALANYA
F.EKS. 19/6
• 1 uge fra 1698,-

EKSTRAFLY KOS
I skolesommerferien
• f.eks. 28/6 1 uge
Fra kun 2198,-

9

God tur!

– Tak ska' du ha'!

God rejse!

– Tak ska' I ha'!

Lektion 9

1

Morgenmad – frokost – middagsmad

morgenmad:	**ca. kl. 6–9**
frokost (kold):	**ca. kl. 12–13**
eftermiddagskaffe eller -te:	**ca. kl. 13–17**
middag (varm):	**ca. kl. 17–20**
aftenkaffe:	**ca. 20–22**

Spørg en anden på holdet:

Hvornår spiser du	morgenmad? frokost? ...
Hvornår drikker du	te? kaffe? ...

– Jeg spiser	frokost ...	klokken ... ...
– Jeg drikker	... ...	... ...

2

En normal dag hos Ole

Skriv sammen med en anden på holdet numre på, så billederne kommer i den rigtige rækkefølge. Har alle på holdet det samme? Hvem har en anden rækkefølge?

3

En normal dag hos familien Andersen

Familien står op kvart over seks og vasker sig eller tager brusebad. Klokken syv spiser de morgenmad. Børnene tager af sted halv otte, de cykler eller kører med skolebus. De er i skole fra kl. 8 til kl. 12.45.

Birthe og Hans skal ikke af sted, de arbejder hjemme. Hans er revisor og har kontor hjemme. Birthe syr. Hun var direktrice på en lille fabrik, men den er lukket nu. Det er svært for hende at finde et arbejde. Der er ikke mange arbejdspladser for hende på Falster.

Efter morgenmaden hjælper Hans og Birthe hinanden med arbejdet i huset. Så går Hans ind på kontoret, og Birthe syr. Birthe har efterhånden fået mange kunder, som hun syr for. Klokken halv to kommer Thomas og Erik hjem, og alle spiser frokost. Bagefter læser Birthe og Hans avis, før de igen går i gang med deres arbejde, og drengene leger. Familien drikker eftermiddagskaffe ved fire-tiden. Så laver Thomas og Erik lektier, og forældrene går videre med deres arbejde.

Klokken seks spiser familien til middag. Så ser de fjernsyn, hører radio eller snakker sammen. Drengene går i seng ved ni-tiden, og Birthe og Hans drikker aftenkaffe. De går i seng ved elleve-tiden.

4 

a. Skriv 10 rigtige og forkerte sætninger om „En normal dag hos familien Andersen“ sammen med en anden på holdet.

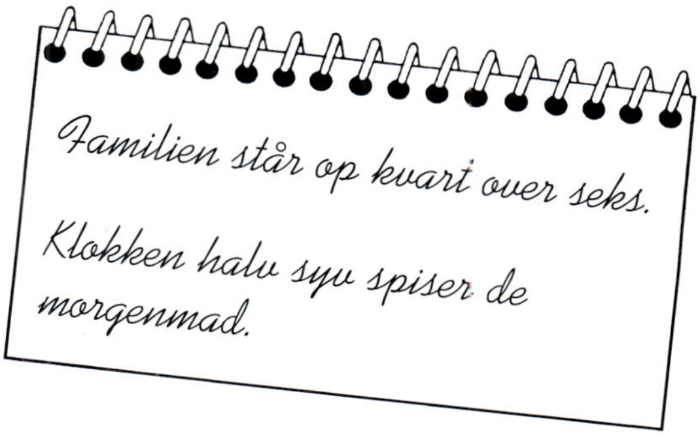

 **b. En anden gruppe siger, om det er rigtigt eller forkert.**

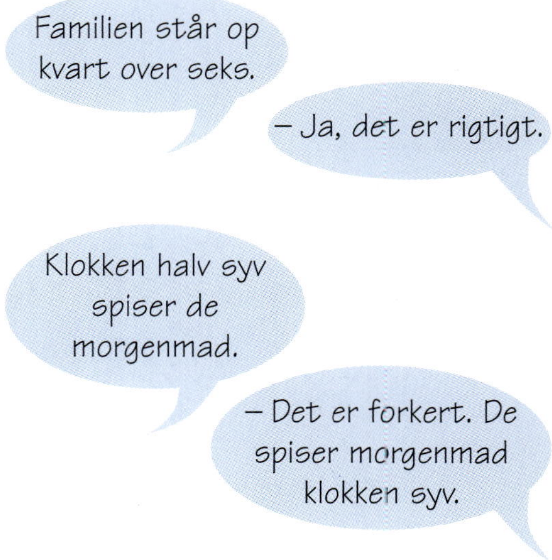

5

Se på billederne og spørg en anden på holdet:

Hvad laver Karsten klokken ...?

– Klokken halv syv	sover han.
– Klokken halv et	spiller han guitar.
– Klokken fire	spiller han fodbold.
– Klokken ni	danser han.

6 

Arbejde i huset

Birthe og Hans hjælper hinanden med arbejdet i huset.

a. Hvad laver Birthe? Hvad laver Hans? Hvad tror I? Snak om det på holdet.

Jeg tror, at Hans gør rent.

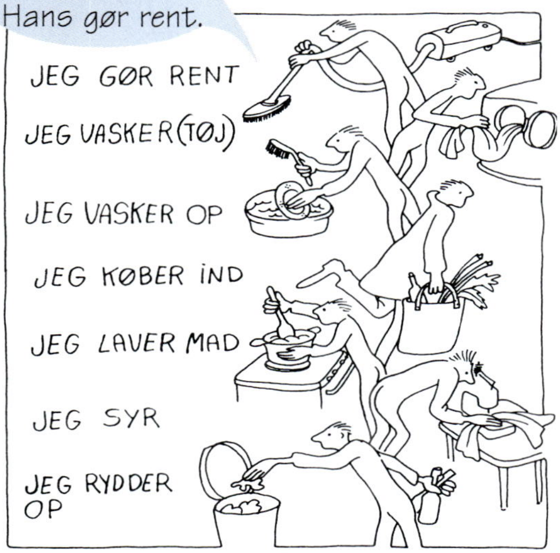

b. Interview en anden på holdet:

Hvordan er det hjemme hos dig?

Hvem vasker op?

– Det gør jeg.

c. Holdets statistik

	mand	*kvinde*
gøre rent	///	~~////~~
vaske op	~~////~~ //	//
...		

7 

Hvordan er en typisk dag hos dig?

Fortæl så meget, du kan.
Det her kan hjælpe dig:

ofte, tit sommetider så bagefter	fra kl. ... til kl. ...
igen altid aldrig	om formiddagen om eftermiddagen om aftenen

Start: Vækkeuret ringer klokken ...

- jeg har gæster
- jeg hygger mig
- jeg går en tur
- jeg kigger i ugeblade
- jeg spiller tennis
- jeg går ud
- jeg læser dansk
- jeg besøger venner

8

Lektion 10

fragen, wie weit etwas ist
über Ferienhäuser sprechen

1

På gaden

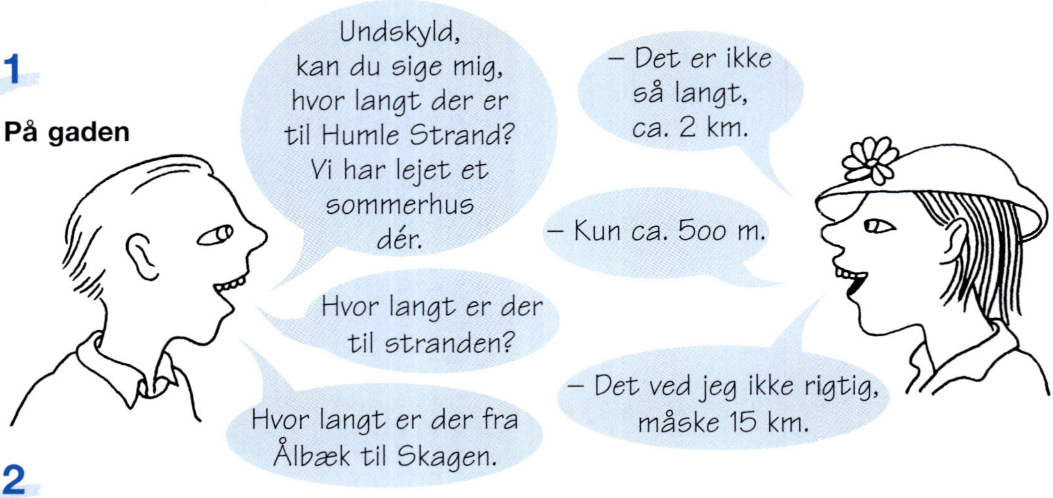

2

Det her er avisannoncer med sommerhuse.

① **Ebeltoft med havudsigt**
Dejligt, ugenert bel. sommerhus på 73 m² indeh. 3 sovevære. med 6 sovepl., pejsestue, TV m/paramask., bol, nyt køkken m/opvaskemask., vaskemask.+ tørretumbler, telefon. 500 m til stranden. Ledig uge 28–29–30.
Ring 86 27 03 04.
Tal med Iris eller Jørn.

② **Nordjylland**
Børnevenligt sommerhus nær ved Ålbæk, med 8 sovepladser udlejes. TV, radio, vaskemaskine, brændeovn og overdækket terrasse med grill. Ledig fra uge 29 og frem.
Pris kr. 2.600 pr. uge inkl. el.

Martin Eriksen
Søparken 10
DK-2740 Skovlunde
Tlf. 44 94 00 16
Fax 44 94 08 18

Hvordan er husene? Skriv:

	Nr. 1	Nr. 2
Hvornår er huset til leje?	______	______
Hvor ligger huset?	______	______
Er der udsigt over havet?	______	______
Hvor langt er der til stranden?	______	______
Hvor mange m² er huset på?	______	______
Hvor mange sovepladser er der?	______	______
Er der fjernsyn?	______	______
Er der overdækket terrasse?	______	______
Er der brændeovn?	______	______
Er der telefon?	______	______
Hvad har huset ellers?	______	______
Hvad koster huset pr. uge?	______	______

3

a. Rollespil: Ring til en ven eller en veninde og fortæl om et af husene:

Hus nr. 1 har …

– Der er …

b. I grupper snakker I om, hvilket af husene I vil leje.

Fortæl bagefter de andre grupper, hvorfor:

Vi vil leje hus nr. 2,	**fordi** der er fjernsyn, **fordi** det har en overdækket terrasse, …

4

Rita Müller vil gerne leje hus nr. 2 og sender en fax til Martin Eriksen.

26. februar 1998

Til
Martin Eriksen
Søparken 10
DK-2740 Skovlunde

Jeg er interesseret i at leje Deres sommerhus i 3 uger, fra den 19.7. til den 9.8. 1998.

Jeg håber, at det endnu ikke er udlejet i den tid. Kan De sende mig et billede af huset og en plan over værelserne? Vil De også være så venlig at skrive til mig, hvor langt der er til stranden og den nærmeste købmand?

Med venlig hilsen

Rita Müller

Rita Müller
Dorfstr. 22
D-23339 Süderstedt

5 

a. Skriv op sammen med en anden på holdet, hvad Rita Müller gerne vil have, og hvad hun gerne vil vide.

b. Rollespil: En anden på holdet ser på Martin Eriksens svar på side 179. Du ringer til ham/hende og beder om oplysninger.

6

Du (= ●) vil leje et sommerhus i Danmark.

Skriv først op, hvad du er interesseret i. Ring så til en turistinformation (= ▲):

▲: Turistinformationen. Goddag.
●: Goddag. Jeg vil gerne leje et sommerhus i Nordjylland.
▲: Ja, lige et øjeblik. – Vi har et fint hus i Ålbæk. Det er til 8 personer og ligger lige ved vandet.

Nu spørger du efter de ting, du er interesseret i, f.eks.:

Er der køleskab i huset?

Er der en restaurant i nærheden af huset?

Er der en købmand i nærheden af huset?

Til sidst siger du:
●: O.k., det lyder godt. Jeg vil gerne leje huset.
▲: Må jeg be' om dit navn og din adresse? Så sender vi lejekontrakten.

7 26 Lytteøvelse

a. Lyt og sæt ✗ ved de ting, familien Pedersen laver, når de er i sommerhus.

- ☐ Vi sover længe.
- ☐ Vi går i teatret.
- ☐ Vi hygger os ude på terrassen.
- ☐ Vi har sommetider gæster.
- ☐ Vi laver mad sammen.
- ☐ Vi spiller kort.
- ☐ Vi spiser ikke til bestemte tider.
- ☐ Vi besøger venner og bekendte.
- ☐ Vi slapper af og snakker.
- ☐ Vi går i biografen.
- ☐ Vi spiller tennis.
- ☐ Vi arbejder i haven.

b. Hvem på holdet holder ferie i sommerhus?

Interview en af dem.

Hvorfor kan du godt li' at holde ferie i sommerhus?

– Jeg kan godt li' at sove længe.

Jeg kan godt li' at	ha' gæster i sommerhuset. hygge mig med en roman. slappe af på terrassen. …

c. Fortæl bagefter de andre på holdet, hvad du har hørt.

8

Notér 6–8 nye ord fra denne lektion.

Fortæl bagefter et par andre på holdet, hvorfor du kan li' ordene og hvorfor ikke.

	Ord, jeg kan li'	Ord, jeg ikke kan li'
1	slappe af	lejekontrakt
2		
3		
4		
5		

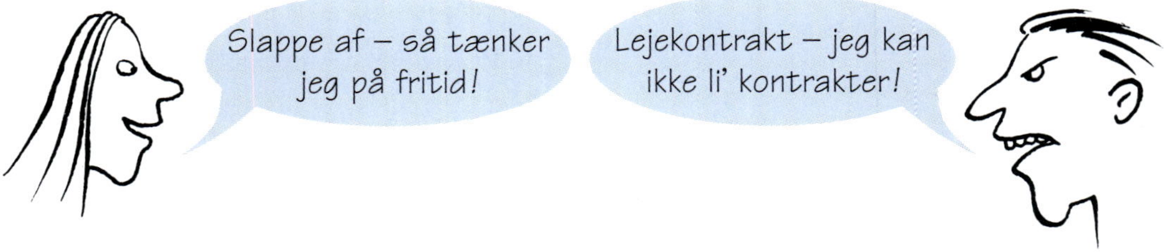

9

Lektion 11

1 27 Lytteøvelse

Hvad Birthe og Hans lavede i sidste uge

a. Sæt ✗ ved, hvad du hører.

- ☐ De snakkede sammen.
- ☐ De hyggede sig.
- ☐ De cyklede en tur.
- ☐ De spillede tennis.
- ☐ De kiggede i ugeblade.
- ☐ De læste avis.
- ☐ De hørte radio.
- ☐ De læste tysk.
- ☐ De besøgte venner og bekendte.
- ☐ De havde gæster.
- ☐ De var i biografen.
- ☐ De var i teatret.
- ☐ De gik i byen.
- ☐ De gik ud sammen.
- ☐ De gik en tur sammen.

b. Fortæl en anden på holdet, hvad Birthe og Hans lavede.

2

Hvad lavede du i sidste uge?

Se i nr.1 og fortæl en anden på holdet, hvad du lavede.

3

a. Skriv listen færdig sammen med en anden på holdet.

	+ ede
arbejder	arbejdede
cykler	cyklede
danser	dansede
inviterer	inviterede
kigger	
laver	
leger	
ringer	
slapper af	
snakker	
spiller	
syr	
vasker	

	+ te
hører	hørte
køber	købte
kører	kørte
læser	læste
rejser	
spiser	
taler	

b. Find sammen med en anden på holdet ud af, hvad der hører sammen.

bliver	blev
drikker	
er	
får	
forstår	
går	
har	
kommer	
ligger	
ser	
sidder	
skriver	
sover	
tager	

havde, var, sad, kom, gik, skrev, fik, forstod, tog, lå, sov, ~~blev~~, drak, så

Snak om det på holdet.

4

a. Du interviewer en anden på holdet:

Hvad lavede du	i mandags/ sidste mandag? i tirsdags/ sidste tirsdag? i onsdags/ sidste onsdag? …
	i weekenden? i går? i (går) aftes? i forgårs? i morges?

b. Hvad lavede I?

Hvad lavede I i mandags?

– Peter spillede tennis.

– Susanne så fjernsyn.

5 28

En samtale om fritid

- ● Jeg ringede til dig i lørdags, men du var ikke hjemme. Hvor var du henne?
- ▲ Hvornår ringede du?
- ● Det var ved otte-tiden.
- ▲ Ved otte-tiden? – I lørdags? – Nå ja, da var jeg i biografen.

Rollespil. Ring til nogle andre på holdet om andre ugedage.

6

Et brev om en dejlig ferie

Rødby, d. 20/10 - 98

Kære allesammen!

Vi kom hjem fra en dejlig efterårsferie i går. Vi var i vores sommerhus, som vi købte sidste år sammen med mine forældre. Det ligger ved Vesterhavet mellem Hirtshals og Skagen. Det er lidt langt væk fra Lolland, men vi elsker Vesterhavet, og mine forældre bor i Hjørring, så de har ikke så langt.

Det er et dejligt hus, og det ligger skønt i klitterne ikke langt fra stranden.

Det var en ferie, hvor vi rigtig slappede af. Vi gik lange ture på stranden og samlede træ til brændeovnen. Vejret var ikke altid godt, men så læste vi eller spillede kort og hyggede os sammen.

En dag tog vi til Skagen. Det er en dejlig by. Vi kiggede på de gamle huse og var også på museet og så på malerierne. Selvfølgelig kørte vi også ud til „Grenen" – det er dér, hvor Kattegat og Skagerrak støder sammen.

En anden dag kørte vi til Hirtshals. Vi købte ind og spiste frokost på en restaurant, hvor de havde et „ta-selv-bord". Bagefter var vi i Hjørring og besøgte mormor og morfar.

Og nu er vi hjemme igen!
Jeg håber, I har det godt!

Kærlig hilsen Hanne

7 

a. Skriv sammen med en anden på holdet 10 rigtige og forkerte sætninger om, hvad der står i brevet.

 b. En anden gruppe siger, hvad det forkerte skal hedde.

8 

Skriv et brev til en anden på holdet og fortæl, hvad du lavede i din sidste ferie.

Hvor var du? Hvad lavede du?

9

Brian, 5. klasse, skriver dagbog den 5. april 1995:
Jeg vågnede allerede kl. 4.45 fordi jeg skulle i bad, og fordi min far kom hjem fra nat-
arbejde. Han har taget ekstra arbejde – når han er hjemme fra boreplatformen. Det er
fordi min mor og far lige vil tjene ekstra penge fordi vi skal købe nyt hus her den 28. april.

Jeg gik i bad, derefter var der så god tid, at der var tid til at jeg kunne se Flintstone. Min
mor lå og sov fordi hun havde været på arbejde til kl. 01.

Jeg passede mine to mindre søskende. Til morgenmad fik jeg Guldkorn-cornflakes. Det
er nødvendigt at jeg tager hjemmefra kl. 7.30 – først med bus ned til Madevej, og så med
bus ud til Løjt, hvor min skole ligger. …

Bussen var i Løjt kl. 8.12, så jeg kan lige nå det til skolen begynder kl. 8.15.

De var kommet allesammen. Jeg sad sammen med Lars. Vi fik godt mange skideballer,
fordi vi snakkede hele tiden. Hvis det ikke bliver bedre, må vi ikke sidde sammen efter
påske. I frikvartererne spillede vi bold – men vi kom op at slås med pigerne. Vi er kun
6 drenge i klassen og 13 piger, så vi drenge har det sommetider hårdt. (Men de er gode
nok alligevel). Min timeplan om onsdagen var lidt hård

1. time engelsk – den time gik godt
2. time dansk – læste vi digte som vi selv havde lavet
3. time biologi
4. så vi film og lavede + og – og jeg fik skæld ud for ballade.

Lektion 12

1

Birthes indkøbsliste

yoghurt
ost
brød
mælk
cornflakes
marmelade
frugt
margarine
sukker
grøn salat
kød (okse)
medisterpølse
pålæg
sild
smør
fløde
æg
chokolade
wienerbrød
eller kage til kaffen

2

Skriv sammen med en anden på holdet, hvad det er.

3 (29)

På indkøb

Hver fredag kører Birthe (= ▲) og Hans (= ●) til Stubbekøbing for at købe ind til weekenden. Birthe har skrevet op, hvad de skal købe. Hun snakker med Hans om, hvor de skal hen.

▲: Jeg går til bageren og grønthandleren, så kan du gå i supermarkedet.

●: De har så meget på tilbud i SuperBrugsen i den her uge. Skal vi ikke købe ind dér?

▲: O.k., men så synes jeg, at vi også skal købe frugt og grøntsager dér, jeg gider alligevel ikke rigtig gå til grønthandleren. Han vil altid snakke politik med mig, og vi bliver aldrig enige alligevel, han er frygtelig konservativ. – Hvad med osten? Skal vi ikke købe den i osteforretningen?

●: Nej, de har Danbo på tilbud i SuperBrugsen. Men du kan godt gå til slagteren efter kød og pålæg.

▲: Det er i orden. Jeg går til slagteren og bageren, og du ta'r i SuperBrugsen. Vi må hellere skrive op, hvad vi skal købe hvor.

Sæt ✗, hvor de køber ind.

☐ hos slagteren	☐ i supermarkedet
☐ hos købmanden	☐ i SuperBrugsen
☐ hos grønthandleren	☐ i osteforretningen
☐ hos bageren	☐ i Føtex

4

I kan hjælpe.

Se på Birthes indkøbsliste og skriv nye indkøbslister sammen med 2 andre på holdet. Husk, de er en familie på 4 personer. Det her hjælper jer:

<u>hos slagteren</u>
2 kg oksekød

<u>hos bageren</u>
4 stykker kage

<u>i SuperBrugsen</u>
1 bæger yoghurt
1 stykke ost

5 30 Lytteøvelse

Priser

a. Lyt og sæt ✗ ved det, du hører.

2,55 kr.	0,50 kr.	47,95 kr.	3,75 kr.	345,95 kr.
2,95 kr.	1,50 kr.	87,95 kr	60,75 kr.	685,50 kr.

b. Spørg en anden på holdet: Hva' bli'r det?

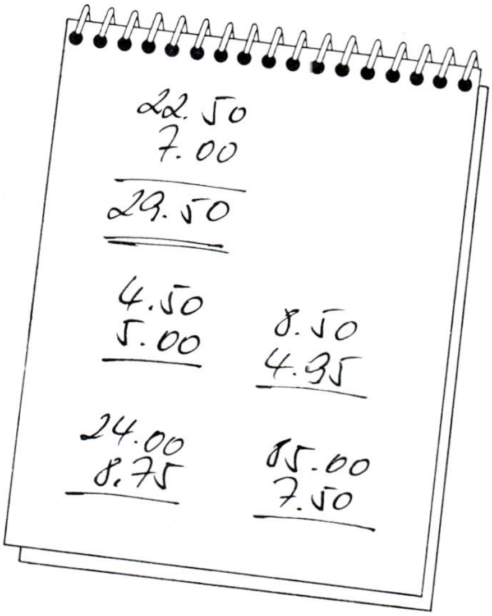

6

Hos grønthandleren

Se på frugten og grøntsagerne og spørg en anden på holdet, hvad det koster. Den anden kigger på side 180.

Hvad koster æblerne?

– De koster … per kilo.

7

Hos bageren

Butikken er tom, og Anders (= ▲) trækker ikke noget nummer. (Bageren = ●)

●: Goddag. Hvad skulle det være?
▲: Goddag. Jeg vil gerne ha' 10 rundstykker.
●: Ja tak, var der ellers andet?
▲: Et lille franskbrød.
●: Skal det være med birkes?
▲: Ja tak. Og et rugbrød.
●: Ja, så gerne. Hvad for et rugbrød skal det være?
▲: Et fuldkorns, tak. – Og fire stykker wienerbrød.
●: Ja tak, og ellers andet?
▲: 1 liter letmælk.
●: Ja, vil du selv tage den ovre i køleskabet. Og var der ellers andet?
▲: Jeg skal også lige ha' en avis – Politiken, tak.
●: Politiken er vist udsolgt.

POLITIKEN

Jyllands-Posten

▲: Så Jyllands-Posten. Det var det hele.
●: Det bli'r 91,75.
▲: Værsgo!
●: Tak!
▲: Farvel!
●: Farvel og tak!

8

a. Hvem siger hvad? Skriv.

Hvad skulle det være?
Var der ellers andet?
Ellers andet?
Nej tak!
Nej tak, det var det hele.
Ja tak!
Jeg vil gerne ha' …
Tak, så gerne.
Hvad koster det pr. kilo?
Hvor meget koster de stykket?
Den/det/de koster …
Det bli'r … (i alt).
Værsgo!
Jeg skal ha' …
Farvel og tak!

kunde	salgsassistent
Jeg vil gerne ha' …	

b. Nu går I til bageren og bagefter til slagteren.

Hvad vil I købe? Skriv først en indkøbsliste sammen med en anden på holdet.

bager

10 rundstykker
_____ stykker wienerbrød
_____ franskbrød
_____ rugbrød
_____ smørkage
_____ …

slagter

2 kg oksesteg
_____ pålæg
_____ medisterpølse
_____ rullepølse
_____ leverpostej
_____ …

c. Lav en lille dialog, hvor I køber ind hos bageren og/eller hos slagteren.

Spil den bagefter for de andre.

9

Et spil: Hvad lavede I sidste lørdag?

Spil sammen med 3 andre på holdet.

Klokken kvart over syv om morgenen sov jeg.

7.15	7.45	8.15	8.45	9.15
9.45	10.15	10.45	11.15	11.45
12.15	12.45	13.15	13.45	14.15
14.45	15.15	15.45	16.15	16.45
17.15	17.45	18.15	18.45	19.15
19.45	20.15	20.45	21.15	21.45
22.15	22.45	23.15	23.45	

Lektion 13

1 32 Lytteøvelse

Hvad vil folk ha'?

a. Lyt og sæt ✗.

Hva' ska' du ha'?

– Jeg vil gerne ha' …

Så gerne. Det bli'r 45 kr.

b. Spørg en anden på holdet:

Og hvad med dig?
Hvad vil du ha'?

1	2	3

2

Dagens flue

Hvad vil du ha' –?
– Jeg vil ha', det du vil ha'.
– Det vil jeg osse ha'!
– Nå – så ta'er vi det.

3

Hvad drikker du?

Goddag. Hva' ska' det være?

– Jeg vil gerne ha' en øl!

Nu er du tjener. Spørg på holdet.

– Jeg vil gerne ha' – Jeg skal ha'	et glas rødvin/hvidvin. en flaske vin. en kop kaffe/te. en øl. en citronvand. en danskvand. et glas mælk. …

4 33

På kro

Hans (= ▲) og Birthe (= ●) kommer ind på en kro. (Tjener = ■)

▲: Goddag.
■: Goddag.
▲: Kan vi sætte os her?
■: Nej, det er desværre optaget, men her er et ledigt bord.
▲: Tak. – Vi vil gerne ha' to øl.
■: Hof eller Tuborg?
▲: Hof, tak. Og kan vi få varm mad?
■: Ja. Et øjeblik, nu skal jeg hente spisekortet.

Tjeneren kommer med øllet.
■: Værsgo, to øl. – Og hvad vil I ha' at spise?
●: Vi har ikke bestemt os endnu.
■: Det er i orden, så kommer jeg igen om fem minutter.
●: Skål, Hans!
▲: Skål!

BØLLERUP KRO **SPISEKORT**

Klar suppe med boller	kr. 30,00
Mørbradbøf med løg og champignon	kr. 92,00
Dansk bøf med bløde løg og hvide kartofler	kr. 58,00
Fiskefilet med pommes frites	kr. 38,00
1/2 grillkylling med grøn salat og flutes	kr. 52,00
Biksemad med 2 spejlæg og rødbeder	kr. 52,00
Omelet med gemyse	kr. 48,00
Dessert	kr. 32,00

Fem minutter senere.

▲: Jeg vil gerne ha' biksemad med spejlæg og rødbeder.

●: Jeg vil gerne ha' mørbradbøf med løg og champignon. Og kan vi få en øl til.

■: Så gerne. Vil I også ha' dessert?

●: Nej tak, jeg vil hellere ha' en kop kaffe.

▲: Men jeg vil gerne ha' dessert. Hvad kan du anbefale?

■: Vi har friske jordbær med fløde – og forskellige slags is.

▲: Uhm, så ta'r jeg jordbær med fløde. Og bagefter vil jeg også gerne ha' en kop kaffe.

■: Så gerne.

Tjeneren kommer med maden og siger: Velbekomme!

● ▲: Tak skal du ha'!

Halvanden time senere.

●: Må vi be' om regningen?

■: Ja, lige et øjeblik. – Værsgo.

▲: Tak.

●: Det smagte vel nok godt!

■: Tak, det skal jeg sige i køkkenet.

Birthe betaler. Hun giver ikke nogen drikkepenge. Det gør hun aldrig.

5

Et spil: På restaurant

Spil sammen i grupper á 4 personer. I skal bruge en terning, 4 brikker i forskellige farver og et spisekort.

Én af jer (A) starter, kaster terningen og flytter sin brik til det tal på spillebrættet, som terningen viser. Terningen viser f.eks. 4. A går til 4 og kigger i listen: *Bestil noget at drikke.* Altså bestiller A noget at drikke fra spisekortet. Så er det B's tur. B slår 2, flytter sin brik til 2 og kigger i listen: *Be' om spisekortet.* B be'r om spisekortet. Osv. Den, der først kommer til 33 og betaler, har vundet.

1 – 3	Be' om spisekortet.
4 – 8	Bestil noget at drikke.
9 – 15	Bestil efter spisekortet.
16 – 23	Be' om salt (peber/kniv/gaffel/ske/tallerken/glas).
24 – 26	Bestil lidt mere at drikke.
27 – 30	Bestil lidt mere at spise.
31 – 32	Bestil kaffe (cognac).
33	Be' om regningen og betal.

Det her hjælper dig:

Må jeg be' om	spisekortet?
	salt/peber?
	en anden kniv/gaffel/ske?
	en ny/ren tallerken?
	lidt mere brød?
	regningen?
Har du (noget)	ild?

1
2
3
4
5
6
7
8
9
10
11
12
13
14
15
16
17
18
19
20
21
22
23
24
25
26
27
28
29
30
31
32
33

6

7 34

Bestille bord

▲ 74 42 30 70. Goddag.
● Er det Hotel Alssund?
▲ Ja, det er.
● Jeg vil gerne bestille et bord til 6 personer.
▲ Ja, gerne. Til hvornår?
● Lørdag aften.
▲ Lørdag aften. Hvad tid?
● Klokken otte.
▲ Det klarer vi. Må jeg be' om navnet?
● Hanne Jensen.
▲ Hanne Jensen. – Så er det i orden.
● Tak for det, farvel.
▲ Selv tak. Farvel.

8

Ring til de her restauranter og bestil bord.

Jeg vil gerne bestille …

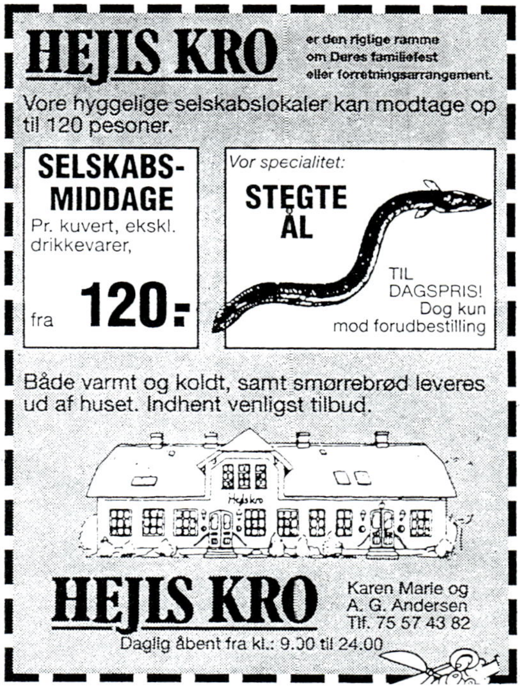

zu einem Getränk einladen
fragen, ob an verschiedene Dinge gedacht worden ist
sein Bedauern ausdrücken

9

Du er meget tørstig efter aftenskolen og går på værtshus sammen med de andre på holdet. Du inviterer en anden og siger:

Vil du (ikke) ha'	en øl?
	…
	…

– Jo tak, det vil jeg gerne.
– Jeg kunne bedre tænke mig …
– Jeg tror, jeg hellere vil ha' …

10

En på holdet har en god idé:
Den sidste aften på danskkurset holder vi en fest hjemme hos mig!
I snakker om, hvad I vil spise, og hvad I skal købe ind til festen.
Måske kan I tage til Danmark og købe ind dér!
Lav indkøbslister sammen med andre på holdet.

11

Lige før festen kigger du på indkøbslisten og spørger de andre:

Har du tænkt på	blomsterne?
Har du husket	salaten?
Har du fået	osten?
Har du købt	…

– Ja, det har jeg.
– Åh, det har jeg glemt. Undskyld! Det er jeg meget ked af!

12

Spørg på holdet.

Under festen snakker I om alt muligt, blandt andet om film og bøger.

Har du set	Frøken Smillas fornemmelse for sne?
Har du læst	…
Har du hørt	den nyeste cd med Shu-bi-dua?
	…

– Ja, det har jeg. Den er vældig god. Den …

– Nej, det har jeg ikke.

13

a. I snakker i grupper om, hvor I har været.

Har du været	i	Sverige?
		Norge?
		Østrig?
		Schweiz?
		…
	på	Rømø?
		Fyn?
		…

– Ja, det har jeg.

– Nej, det har jeg ikke.
– Nej, der har jeg aldrig været.

Spørg også: Hvornår var du i/på …?

– Jeg var i …	sidste år.
	for 2 år **siden**.
– Jeg var på …	**for** 14 dage **siden**.
	for 3 uger **siden**.

Har du været i Norge?

– Ja, jeg var i Norge sidste år.

b. Nu fortæller I de andre på holdet, hvor I har været og hvornår det var.

Anke har aldrig været i Schweiz.

Katrin var der for 3 år siden.

Rainer var i Schweiz sidste år.

14

Spørg på holdet.

Hvor længe har du boet i	Hamborg? Wien? ...	– Jeg har boet i ... siden	januar. 1996. ...

15

Du tager af sted til festen med danskkurset. Din familie siger:

Lektion 14

1

Hvad betyder de her danske ord. Hvad tror du?

Skriv de tyske ord sammen med en anden på holdet.

tøj	Kleidung	en jakke	
en bluse		et par bukser	
en skjorte		et par cowboybukser	
et slips		et jakkesæt	Anzug
en sweater		en kjole	
en strikket trøje	Strickjacke	en nederdel	
en frakke		et par sko	
en regnfrakke	Regenmantel	et par støvler	
regntøj		sokker (en sok)	
overtøj		strømper (en strømpe)	
undertøj		et par strømpebukser	Strumpfhosen

Har I alt? Har de andre grupper noget, I ikke har?

2

Skriv sammen med en anden på holdet, hvad de forskellige voksmannequinner har på.

3

Du går i byen og kigger på tøj i butiksvinduerne.

Du kan ikke rigtig se nogle af priserne. Spørg en anden på holdet, hvad tøjet koster. Den anden kigger bag i bogen på side 180.

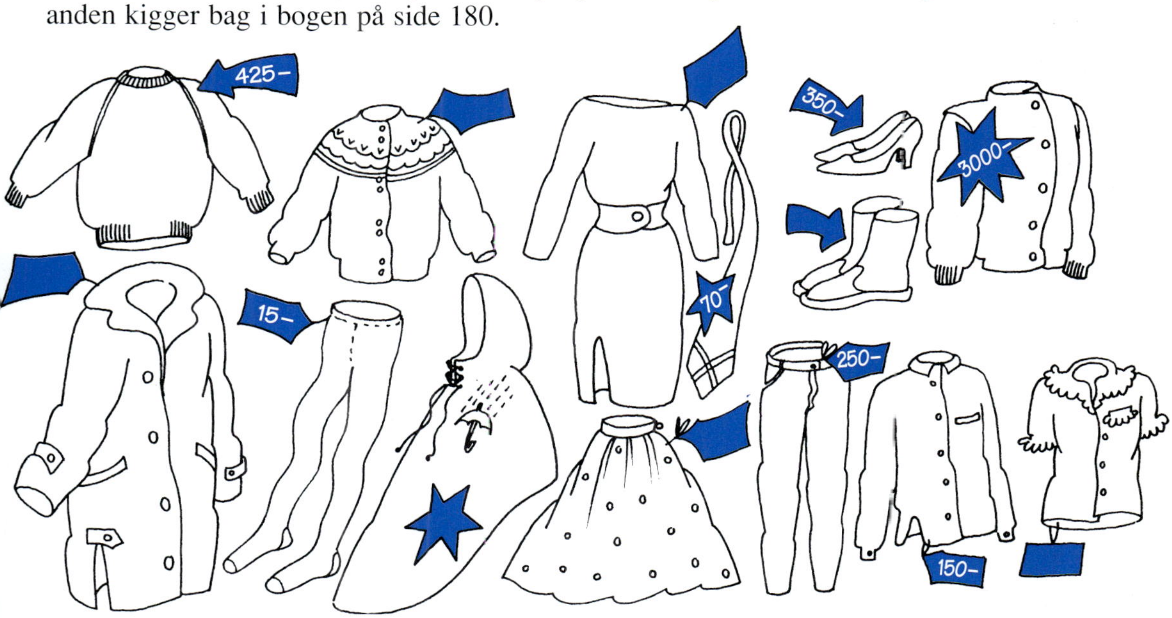

4

Du vil købe nyt tøj.

Du har 4000 kr. Hvad tøj køber du? Lav en liste. Find bagefter en anden på holdet, der vil købe det samme.

5

Se på de andre.

Hvad har de på? Ved du, hvad det hedder? Ellers kan du spørge din lærer.

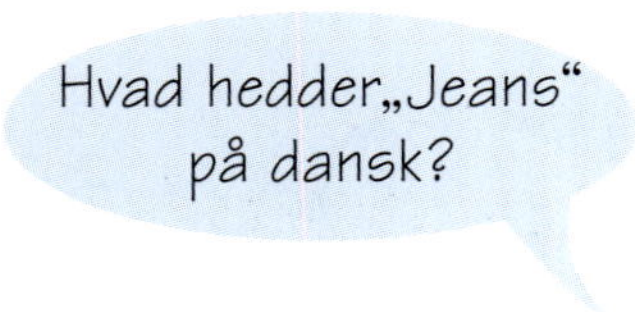

6

a. Du har ferie.

Hvad tøj tager du med på
– en flyrejse til syden om sommeren
– en campingtur til Danmark om sommeren
– en tur til København om vinteren
– en skitur til Norge om vinteren

b. Du sammenligner med andre på holdet.

7

Farver og mønstre

Hvad tror du, det er? Tag farveblyanter og mal.

☐	rød	☐	hvid
☐	grøn	☐	grå
☐	gul	☐	brun
☐	blå	☐	stribet
☐	lyseblå	☐	prikket
☐	mørkeblå	☐	ternet
☐	sort	☐	blomstret

8

Spørg en anden på holdet:

Har du	en	rød blå stribet …	nederdel? skjorte? … …
	et	rødt blåt stribet …	lomme-tørklæde? slips? …
	(et par)	røde blå stribede …	sokker? strømper? … …

– Ja, det har jeg.
– Nej, det har jeg ikke, men jeg har …

9

Hvem er det?

Se på de andre på holdet. Beskriv en af dem. De andre finder ud af, hvem det er.

Skriv f.eks.:
Min person har en grøn jakke, en lysegrøn skjorte, et stribet slips, … på. Hvem er det?

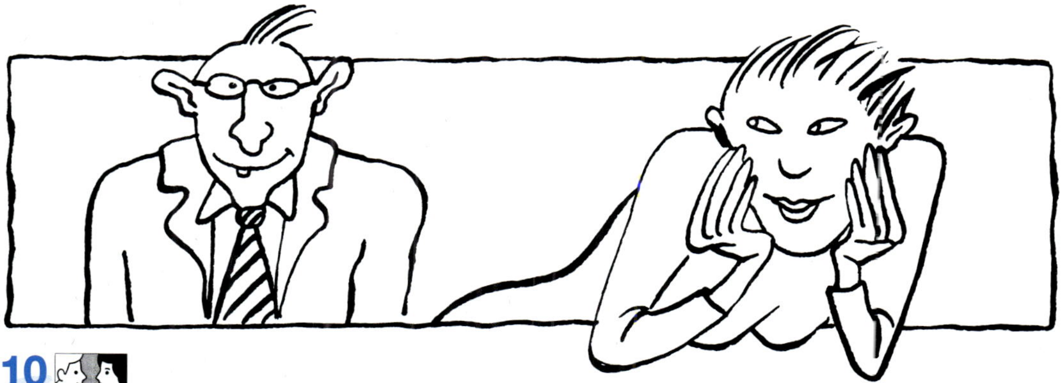

10

På indkøb

Hvad vil I købe i næste uge?
Lav en liste sammen med en anden på holdet. I må kun bruge ordene 1 gang.

	sød	sko
	ny	fjernsyn
	billig	bil
en	stor	bord
	~~dyr~~	kilo tomater
et	rød	~~slips~~
	~~stribet~~	~~bukser~~
et par	lang	okse
	lille	is
	halv	ur
	lav	flaske
	sort	hus
	god	cykel
	dejlig	rejse
	pæn	billede

1 *et dyrt slips*
2 *et par stribede bukser*
3 ________
4 ________
5 ________
6 ________
7 ________
8 ________
9 ________
10 ________

Læs jeres liste højt for de andre.

11

Hvad tager I med på rejse?

Jeg tager en god bog med.

Jeg tager en god bog og en lille radio med.

Jeg tager en god bog, en lille radio og en strikket trøje med.

12 35

Birthe Andersen køber en bluse

(▲ = damen i butikken, ● = Birthe)

▲: Hvad kan jeg hjælpe dig med?
●: Jeg vil gerne se på en bluse.
▲: Hvad størrelse bruger du?
●: Størrelse 40.
▲: Hvad farve skal det være?
●: Ja, jeg havde tænkt på en hvid eller en lyseblå.
▲: Her er en hvid – og her er en lyseblå i størrelse 40.
●: Hvad koster de?
▲: Den hvide koster 599 kr.
●: Nej, det er for dyrt! Og den lyseblå?
▲: Den koster kun 249 kr.
●: Det er bedre. Jeg vil gerne prøve den.
▲: Ja, gerne.
●: Hvad stof er det? Er det uld eller bomuld?
▲: Det er bomuld. Du kan gå ind her og prøve den.

Lidt senere.
▲: Hvordan passer den?
●: Den er lidt for stor. Jeg vil gerne prøve størrelse 38, hvis I har den i den størrelse.
▲: Ja, det tror jeg nok. – Ja, du er heldig, her er den i størrelse 38, værsgo.

Lidt senere.
●: Den her passer fint, og hvor er den flot. Jeg ta'r den.
▲: Det bli'r 249 kr.
●: Kan jeg betale med check?
▲: Ja, det kan du godt.
●: Må jeg skrive den på 500 kr.?
▲: Ja, det er i orden.
●: Værsgo, her er checken og mit id-kort.
▲: Tak – så får du 251 kr. tilbage.
●: Tak for det. Farvel!
▲: Farvel og tak!

13

Du køber sko.

Jeg vil gerne kigge lidt.
Jeg vil gerne se på et par sko.
Jeg bruger størrelse …
Hvad koster de?
Jeg vil gerne prøve dem.
De er for store/for små/for dyre.
De her passer fint.
De er vel nok pæne!
Hvor er de pæne!
Dem kan jeg godt li'!
Jeg kan bedre li' de andre.
Dem ta'r jeg.
Jeg tager dem her.

Skriv en dialog sammen med en anden på holdet, hvor I bruger nogle af udtrykkene fra taleboblen. Spil bagefter dialogen for de andre på holdet.

14 36

Lektion 15

1

Hvordan ser han ud?

Livets gang i LIDENLUND af Gantriis

2 

Manden bag avisen

Øv først udtalen. Sæt bagefter ordene ind på tegningen sammen med en anden.

hovedet
håret
øjet
næsen
munden
øret
halsen
skægget
ansigtet

1 ____________________
2 ____________________
3 ____________________
4 ____________________
5 ____________________

6 ____________________
7 ____________________
8 ____________________
9 ____________________

3

a. Se på tegningen sammen med en anden på holdet og sæt navnene ind:

Manden med	den sorte skjorte	hedder…	Damen med	de flotte sko	hedder…
	den store næse			de smukke øjne	
	det glatte hår			det krøllede hår	
	de korte bukser			de mørke briller	
	de enorme briller			den stramme nederdel	
	det flotte skæg			den store mund	
	det grimme slips			den lille næse	

Har de andre på holdet det samme? Læs højt.
Hvilken gruppe kan finde flere sætninger med beskrivelser.

b. Skriv grundformen:

den/det/de <u>sorte</u>… *sort*

den/det/de <u>store</u>… *stor*

den/det/de <u>krøllede</u>… *krøllet*

…

Snak om reglen på holdet. Du finder den i øvebogen.

4

Samtaler under en fest

Har du set Peters nye kæreste?

– Ja, hun ser rigtig sur ud.

Har du set Tinas røde kjole?

– Ja, er den ikke forfærdelig?

Kan du li' min nye skjorte?

– Ja, den er vældig flot!

Kan du li' familiens stribede sofa?

– Nej, synes du ikke også, den er grim?

Jeg kan vældig godt li' din prikkede kjole.

– Tak skal du ha'! Det er jeg glad for at høre.

Jeg kan vældig godt li' Lenes stramme bluse. Hvor er den flot!

– Synes du?

Skriv selv 4 sådanne dialoger sammen med andre på holdet og spil dem bagefter.

5 37

Du hører nu om 6 forskellige personer.

Lyt og sæt numre på i den rækkefølge, du hører beskrivelserne.

6

Et kort fra Süderstedt til Falster

Kære Birthe!

Hvordan har I det?

Desværre har jeg kun tid til at skrive et lille kort i dag,
jeg skal til dansk om en halv time.

Herberts bror Erwin (han bor i Düsseldorf) skal til
København med sin familie. Kender du et godt hotel? Jeg
ringer til dig på lørdag, så kan vi snakke om det.

Mange hilsener

Rita

7 38

Telefonsamtalen mellem Rita og Birthe om familien Müller

(▲ = Birthe, ● = Rita)

▲: Hallo!

●: Goddag, taler jeg med Birthe Andersen?

▲: Ja, det er mig. – Nu kan jeg høre, hvem det er! Dav Rita! Hvordan går det?

●: Tak, fint! Har du fået mit kort?

▲: Ja, tak skal du ha'! Du, hvornår tager din svoger til København?

●: De har tænkt sig at være i København fra den 4. til den 10. maj. De flyver derop.

▲: Ved du hvad, Rita, jeg er i København på det tidspunkt. Jeg er på besøg hos en af mine veninder. Jeg kan godt hente din svoger og hans familie i lufthavnen. Så kan jeg hjælpe dem lidt, – køre dem til hotellet, osv.

●: Hvor er det sødt af dig, Birthe!

▲: Du må hellere fortælle mig, hvordan de ser ud. Hvordan ser din svoger ud?

●: Han ligner Herbert, men han har sort hår og et stort, sort skæg. Men han er ikke så tyk som Herbert. Han ser godt ud!

▲: Herbert er da ikke tyk! – Hvad med Erwins kone?

●: Ingrid er meget sød. Hun er slank. Hun har langt, lyst hår og er lige så høj som Erwin. Det er et smukt par!

▲: Har de nogen børn? Og kommer de så også med?

●: Ja, det gør de. De har to piger – Claudia på 4 år og Silvia på 3. De har begge to kort, lyst hår. Claudia bruger briller og er ikke så tynd som Silvia.

▲: Nu håber jeg, at jeg kan kende dem! Ringer du og fortæller, hvornår de ankommer?

●: Ja, det skal jeg nok! Hvordan er det med et hotel?

▲: Hans plejer at bo på „Hotel Norden". Det er ikke så dyrt – og alligevel moderne og hyggeligt. Jeg kan godt ringe til hotellet og reservere værelser.

●: Det ville være fint, men jeg må nok hellere snakke med Erwin først.

▲: Det er i orden. Nå, men ka' du ha' det! Vil du hilse Herbert og pigerne! Hej med dig!

●: Hej, hej, så ringer jeg igen engang i næste uge.

8

Hvordan ser Erwins familie ud? Tegn!

9

a. Ofte læser man kontakt-annoncer som dem her i avisen:

Moden mand søges. Du skal være ærlig/åben og have sunde interesser. Alder 40-48 år. Jeg er enlig mor, udadvendt, initiativrig og alvorlig. Evt. foto medsendes som returneres. Fuld diskretion, så fat pennen. Billet mrk. 3626, Aabenraa Ugeavis, 6200 Aabenraa

Kærlig pige søges, 28-32. Jeg er en fyr på 35 år der søger en kærlig og ærlig pige til fast forhold. Har: Hus, have, bil, god økonomi. Interesser: Natur, hjemlig hygge, god mad, musik, dans, rockshows, vandet. Vedlæg foto. Jeg glæder mig til at se dig. Billet mrk. 3640, Aabenraa Ugeavis, 6200 Aabenraa

b. Hvordan skal en fyr/pige være?
Se på følgende egenskaber. Kender du alle ordene? Sæt ✗ ved, hvad *du* synes, der er vigtigt.

intelligent	åben
følsom	varm
filosofisk	humoristisk
stærk	smuk
dominerende	kærlig
kunstnerisk	romantisk
velhavende	karriereorienteret
høj	slank
venlig	hjælpsom
selvbevidst	ansvarsbevidst
ærlig	sparsommelig

c. Snak bagefter med en anden på holdet om det og bliv enige om, hvad der er vigtigst for jer begge to. Hvad er ikke så vigtigt?

vigtigt	ikke vigtigt
______	______
______	______
______	______
______	______

10

Beskriv en person, alle på holdet kender. Læs det bagefter højt for de andre. Kan de finde ud af, hvem det er?

11

Min nabos kat er ...

a. Skriv sammen med andre hele alfabetet og find så mange egenskaber om jeres nabos kat som muligt. F.eks. a – arbejdsløs, arrogant, ...

b. Bagefter skriver I hele holdets idéer på tavlen.

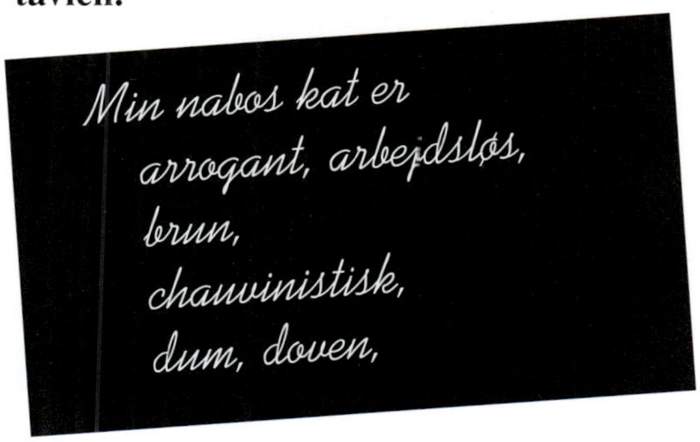

12 39

Mm

Malermester Møllers Maren
ligner tem'lig meget faren.
Maven, den er stor og rund,
og så har hun kyssemund.
Hun har farens glade latter
og på tøjet malerklatter.

Lektion 16

1

a. Hvad kan I sige om Egon, Peter og Bo?

Egon
184 cm – 56 år – kraftig

Peter:
175 cm – 43 år – tyk

Bo:
180 cm – 36 år – slank

Egon er kraftigere end Bo.

Bo er slankere end Egon og Peter.

Peter er ældre end Bo.

b.

højere	ældre
pænere	bedre
smukkere	mindre
flottere	mere intelligent
slankere	mere velhavende
kraftigere	mere filosofisk
tykkere	mere selvbevidst
yngre	mere kreativ

Se nu på de andre på holdet og sammenlign.

Jeg er mindre end Inga.

Frank er mere intelligent end mig.

Susanne er yngre end Anke.

Katrin er bedre til dansk end mig.

2

Skriv sammen med en anden på holdet grundformen og snak om reglen.

højere	*høj*	ældre	
pænere	*pæn*	bedre	
smukkere		mindre	
flottere		mere intelligent	
slankere		mere velhavende	
kraftigere		mere filosofisk	
tykkere		mere selvbevidst	
yngre		mere kreativ	

3

På landet eller i byen?

Karsten og Jytte tænker på at flytte sammen og måske gifte sig. De kan dog ikke rigtig blive enige om, hvor de skal bo. Skal de bo ude på landet eller i byen? De er begge to arbejdsløse for tiden. Derfor snakker de en del om, hvor det er billigst og mest praktisk for dem at bo.

De går tit sammen til arbejdsformidlingen for at se, om der er et job til dem. Bagefter er de ofte i dårligt humør. Hvis det er først på måneden, så går de i biografen for at komme i bedre humør. Ellers hygger de sig foran fjernsynet eller besøger venner. Også sammen med vennerne diskuterer de, hvor de skal bo. Der er mange argumenter for og imod. Karsten kunne godt tænke sig at bo i byen. Jytte vil hellere bo på landet.

De snakker og snakker, men kan ikke rigtig blive enige. Måske ender det med, at de slet ikke flytter sammen.

a. Hvad siger de? Find argumenter sammen med nogle andre på holdet.

Det er meget billigere at bo ude på landet.

Det koster mindre i husleje.

Det er mere spændende i byen.

Der er diskoteker.

bedre

hyggeligere

mere interessant

billigere

mindre

mere spændende

roligere

mere attraktivt

mere bekvemt

større

dyrere

kedeligere

Jyttes argumenter:

Karstens argumenter:

b. Interview en anden på holdet.

Vil han/hun hellere bo på landet end i byen? Fortæl bagefter de andre, hvad du har hørt.

4

På indkøb

Du er på indkøb sammen med en anden på holdet. I køber tøj og andre ting. I giver hinanden gode råd.

vin	-en	bedre
snaps	-en	større
billede	-t	friskere
bog	-en	smukkere
æbler		mere interessant
tomater		mere praktisk
skjorte	-n	flottere
jakke	-n	mindre
ur	-et	billigere
…		…

5

a. Se på reklamerne.

I forstår sikkert ikke alt. Men I kan bestemt finde ud af, hvem der gør reklame.

- ☐ en møbelforretning
- ☐ „Anders And"-bladet
- ☐ en fotoforretning
- ☐ en bilforhandler
- ☐ en appelsin-eksportør
- ☐ et luftfartsselskab
- ☐ en producent af køkkenting
- ☐ et rejsebureau

(1) DEN BEDSTE OG BILLIGSTE BIL ER EN...

(2) byens bedste fremkaldelse – vi garanterer dig, at du efter kun 1 time får dine billeder retur i den bedste kvalitet.

(3) VERDENS SMUKKESTE SØREJSE

(4) VERDENS BEDSTE SOLFANGERE

(5) Danmarks største sofahus

(6) Verdens sjoveste ugeblad - hver torsdag!

(7) DEN KORTESTE VEJ ...

(8) DET NYESTE DESIGN TIL KØKKENET

b. Prøv nu at skrive superlativ-formen sammen med en anden på holdet.

kort	kortere	kortest	den korteste vej
billig	billigere		
ny	nyere		
sjov	sjovere	sjovest	
smuk	smukkere		
god	bedre		den bedste kvalitet
stor	større	størst	

Snak om reglen på holdet.

6

a. Snak med 3 andre på holdet om jeres by.

Byens Hamborgs Wiens	bedste nyeste ældste største hyggeligste kedeligste dyreste billigste mest spændende mest moderne	restaurant hotel modebutik supermarked butikscenter stormagasin værtshus café …	er … ligger …

b. Nu snakker I om det på hele holdet.

Hamborgs dyreste hotel er „Atlantik".

– Det passer ikke. … er dyrere.

– Det har I ret i.

– Det er rigtigt!

7

Priser i Danmark

Snak med andre om priser i Danmark og i jeres land.

Benzin Tøj Biler Huse …	er dyr**ere end** er billig**ere end** er **lige så** dyr(t)/ dyre **som** er **lige så** billig(t)/ billige **som**	her hos os.

8

Lene er ikke tilfreds med, hvordan hun ser ud. Hun skriver til et ugeblad. Her fortæller man hende, hvad hun skal gøre for at komme til at se bedre ud.
Du kan se, hvordan hun så ud før, og hvordan hun ser ud nu.
Snak med en anden på holdet om, hvordan Lene ser ud nu.

Lektion 17

1

Hoteller i en dansk by

Nr.	Hoteller Navn Adresse, tlf./faxnr.	Åben	Kapa- citet senge	Opred- ning	Priser incl. morgenmad, DKK Doppeltværelse u/bad	 m/bad	 Enkeltværelse u/bad	 m/bad	Facili- teter
6	**Stena Hotel Hoffmann** Tordenskjoldsgade 3 Tlf. 98 42 21 66. Fax 98 42 21 07	4/1-23/12	141	175,-	400,- 500,-	600,-	300,- 350,-	450,-	A G F
9	**Hotel Centrum** Amaliegade 2 Tlf. 98 43 20 19. Fax 98 43 91 00	Hele året	20	150,-		480,- 600,-		320,- 400,-	(A) B D G O
10	**Hotel Jutlandia** Havnepladsen Tlf. 98 42 42 00. Fax 98 42 38 72	3/1-22/12	194	175,- Børn 6-15 år: kr. 75,-		890,- 2000,-		720,- 990,-	A B C D E F G H N O Q
3	**Hotel Mariehønen** Skolegade 2 Tlf. 98 42 01 22. Fax 98 43 40 99	7/1-22/12	61	125,-	390,-	490,- 600,-		320,- 340,-	(A) (B) E G I O H
5	**Park Hotel** Jernbanegade 7 Tlf. 98 42 22 55. Fax 98 42 20 36	10/1-22/12	50	150,-	390,- 490,-	750,- 950,-	295,- 350,-	490,- 590,-	A B G H I L O

Tegnforklaring: ★ Uden morgenmad **A** Telefon - **(A)** på nogle værelser. **B** Farve-TV. - **(B)** på nogle værelser. **C** Handicapegnet. **D** Allergiværelser. **E** Konferencefaciliteter. **F** Elevator. **G** P-plads. **H** Restaurant. **I** TV-stue. **J** Natklub. **K** Sports- & motionsfaciliteter. **L** Have/terrasse. **M** Badelandskab. **N** Supermarked. **O** Opholdsstue. **P** Gæstekøkken. **Q** Garage.

Nogle af dine venner vil bo på et af hotellerne i Frederikshavn. Hvad siger du og andre venner til dem?

Du skulle ta' Stena Hotel.
Det er det største og er sikkert godt.
Det har mange gode faciliteter.

Jeg synes,
du skulle ta' Hotel Centrum.
Det er det mindste og helt bestemt
hyggeligere end de andre.

Jeg ville også ta' Hotel Centrum.
Det er ikke så dyrt.

Jeg ville …

Du skulle …

Jeg synes, du skulle …

2 40

Birthe bestiller et hotelværelse i København

Birthe (= ▲) ringer til Hotel Norden. Hun taler med receptionschefen (= ●).

●: Hotel Norden.
▲: Goddag, mit navn er Birthe Andersen. Jeg vil gerne bestille to værelser til en tysk familie, jeg kender.
●: Skal det være enkelt- eller dobbeltværelser?
▲: Det skal være to dobbeltværelser. Det er til en familie med to børn. Værelserne skal helst ligge ved siden af hinanden.
●: Skal det være med eller uden bad og toilet?
▲: Helst med bad og toilet.
●: Hvornår kommer familien?
▲: De kommer den 4. maj og bliver til den 10.
●: Lad mig se … det bliver seks nætter … Ja, der er du heldig, vi har to værelser på 1. sal, der er ledige i den tid. De ligger ved siden af hinanden og har bad/toilet.
▲: Hvad koster værelserne?
●: Et dobbeltværelse koster 975 kr. pr. nat, – det er med morgenbuffet.
▲: Jeg tror, det er o.k. Vil du være så venlig at reservere værelserne til mig.
●: Det skal vi gerne gøre. Må jeg lige be' om navn og adresse på den tyske familie.
▲: Ja, det er Erwin Müller – M – tysk y – dobbelt L – E – R. Gaden hedder Hirtenstieg.
●: Æh – hvabehar?
▲: Hirtenstieg – H – I – R – T – E – N – S – T – I – E – G, nummer 37.
●: Tak.
▲: Düsseldorf – og Düsseldorf har postnummer 40549.
●: Ja tak – så er det i orden.
▲: Tak skal du ha'. Farvel.
●: Farvel og tak.

3

a. Du vil bo på hotel. Hvad vil du gerne ha', og hvad sætter du pris på? Sæt ✗.

enkeltværelse
dobbeltværelse
bad/toilet

A telefon
B farve-tv
C handicap-egnet
D allergiværelser
E konference-faciliteter
F elevator
G p-plads
H restaurant
I tv-stue
J natklub
K sports- & motionsfaciliteter
L have/terrasse
M badelandskab
N supermarked
O opholdsstue
Q garage

b. Ring nu til et af hotellerne i Frederikshavn og bestil et værelse.

Husk at spørge efter de ting, du har sat ✗ ved. Husk også at spørge efter prisen. En anden på holdet er receptionschef.

4

Familien Müllers ankomst til København

Birthe hentede familien Müller i lufthavnen. Hun var bange for at komme for sent, for hun kunne ikke finde et sted at parkere. Til sidst fandt hun en parkeringsplads. Hun skyndte sig til ankomsthallen. Hun var heldig, flyet var også forsinket. Passagererne stod endnu og ventede på deres bagage. Så havde hun lige nået det!

Da familien Müller kom, sagde hun „velkommen" til dem. De bar kufferterne hen til vognen og kørte til hotellet, der lå midt i byen.

En venlig dame viste dem værelserne. Erwin var ikke helt tilfreds med dem. Han mente, at der var for meget larm og støj fra gaden, og bad om andre værelser, men alt var desværre optaget. Men damen sagde, at der var mere stille og roligt om natten. Så var der ikke så meget trafik.

Erwin syntes også, at der var for varmt på værelserne. Damen mente, at det kunne hun hurtigt ordne og gik hen og skruede ned for radiatoren.

Erwin satte sig på sengen og sagde, at den var alt for hård og smal. Den var også for kort. Damen fra hotellet vidste ikke, hvad hun skulle sige til det. Ingrid, Erwins kone, sagde til ham: „Nu skal du ikke være så sur. Vi har ferie og er i København! Og Birthe er her for at hjælpe os!"

Damen fra hotellet gav Ingrid nøglerne og sagde til hende: „Der er morgenmad mellem kl. 7 og 10, og restauranten har åbent fra kl. 12." Før damen gik, spurgte Erwin: „Hvornår åbner baren?" Ingrid sagde: „Hold op! Nu går vi ud og kigger på København."

5

Er det rigtigt?

Erwin synes:
- at værelserne er fine
- at der er for meget støj fra gaden
- at der er for varmt på værelserne
- at sengen er for lang
- at sengen er for kort
- at sengen er for hård
- at sengen er for blød
- at sengen er for bred
- at sengen er for smal

HUSK

en de**n**	an**den** seng	**et** de**t**	an**det** værelse	to de	andre	senge værelser

6

På hotel

a. Skriv sammen med en anden på holdet, hvad der hører sammen.

Er der nogen breve til mig?
Hvornår er der morgenmad?
Hvornår åbner restauranten?
Kan De vække mig kl. 7.30?
Hvad tid lukker baren?
Har De et enkeltværelse med bad og toilet for en nat?
Må jeg se værelset?
Hvad tid skal jeg forlade værelset?
Der er ikke nogen håndklæder på værelset.
Hårtørreren er i stykker.
Telefonen virker ikke.

De kan få morgenmad mellem kl. 7 og 10.
De kan få en ny i receptionen.
Ja, der er to breve.
Den lukker klokken to om natten.
Ja, det må du gerne. Her er nøglen. Det er på 2. sal.
Den er åben fra kl. 11.30 – 15 og fra kl. 17 – 22.
Stuepigen kommer straks med håndklæder.
De skal forlade værelset inden klokken 12.
Det kan vi hurtigt ordne. Nu skulle den være klar.
Ja, det skal jeg gerne gøre.
Vi har kun dobbeltværelser tilbage, alle enkeltværelser er desværre optaget.

b. Skriv nu en lille dialog, hvor I bruger nogle af sætningerne.
Spil bagefter dialogen for de andre.

7

a. Hvad kan man lave i København?

Snak om det i grupper og skriv en liste.

b. Har de andre grupper noget, I ikke har?

8

Nu vil du også gerne til København.

Du ved ikke rigtig, om du skal tage med bil, tog eller fly. Snak med et par andre om det. De giver dig gode råd.

Jeg ville tage bilen.
Det er ...

Du skulle flyve.
Det ...

9

Farvel

Birthe og familien Müller siger farvel til hinanden i lufthavnen.

a. Skriv en lignende dialog sammen med en anden på holdet, hvor I siger farvel til venner eller bekendte.

b. Spil den for de andre på holdet.

Lektion 18

1 41

Byer i Danmark

a. Her er navnene på nogle af de største byer i Danmark.

Lyt og gentag, så du øver udtalen.

Esbjerg
Fredericia
Fåborg
Grenå
Haderslev
Helsingør
Herning
Horsens
Kolding
Korsør
København
Nakskov
Nyborg
Nykøbing Falster
Næstved
Odense
Randers
Ringkøbing
Roskilde
Rønne
Skagen
Stege
Vejle
Vordingborg
Åbenrå/Aabenraa
Ålborg/Aalborg
Århus

b. Find alle byerne på danmarkskortet og sæt streg under navnene.

c. Hvis I ikke ved, hvor en by ligger, kan I spørge de andre.

Hvor ligger Herning?

– Herning ligger mellem Silkeborg og Ringkøbing.

Hvor ligger …?

– Det ligger	i	Jylland.
	på	Sjælland.
	ved	Århus.
	mellem … og	…
	i nærheden af	
	nord for	
	syd for	
	øst for	
	vest for	

2

Snak med andre på holdet om, hvor I tit tager hen i Danmark.

Hvor plejer du at tage hen i Danmark?

– Jeg plejer at tage til …

Hvor ligger det?

– Det ligger …

3

Se på skiltene.

BORNHOLM

ANDRE ØER

JYLLAND

SJÆLLAND OG KØBENHAVN

Hvor kan du bedst li' at være, når du er i Danmark? Find sammen i „ekspertgrupper". I udarbejder nu en rejserute med mange seværdigheder og naturoplevelser. Bagefter fortæller I de andre på holdet om ruten og de forskellige seværdigheder.

4

Se på tegningerne sammen med en anden på holdet og skriv de her ord ind:

bag(ved) foran i mellem over på under ved siden af

5

Se på tegningen.

Kan du f.eks. se en stol eller et æble? Nej, vel! En anden på holdet kigger på side 181 og fortæller dig, hvor tingene er.

Hvor er æblet? katten? stolen? lampen? musen?

– Den – Det	ligger … står … hænger …

6

Rim

a. Her har vi nogle ord, der rimer:

mad
bad
sad
glad

Man kan lave et lille rim med ordene:

Jeg sad
og spiste min mad
i bad.
Jeg var glad.

Kan I lave andre?

b. Kan I finde rimord til de her ord:

bo	to	ko	...
land	kan	...	...
grøn	...	...	...
blå	...	...	...
mor	...	...	...

c. Kan I lave et rim med en af rækkerne?

Lektion 19

1

Ferie

Spørg de andre på holdet.

Hvor plejer du at bo i din ferie?

– Jeg plejer at bo i campingvogn.

Jeg plejer at bo	på hotel.
	på en bondegård.
	i sommerhus.
	i telt.
	i ferielejlighed.
	i campingvogn.
	på en båd.
	hos venner.
	…

2

42

Planer om ferie

(▲ = *Thomas*, ● = *Erik*, ■ = *Birthe*, ◆ = *Hans*)

Familien Andersen sidder en kold februaraften omkring bordet i stuen. De snakker om deres ferie.

▲: Ska' vi til Spanien igen i år?

●: Nej, la' os ta' til Amerika!

▲: Åh, hvor er du dum! Det er alt for dyrt at ta' til Amerika.

■: Jeg tror, at det nok også bliver for dyrt at rejse til Spanien. Priserne er steget, og vi er fire personer!

◆: Så foreslår jeg, at vi holder ferie i Danmark i år.

▲: I Danmark! – Alle mine venner ta'r til udlandet!

●: La' os ta' på telttur Danmark rundt ligesom spejderne!

■: Vores telt er alt for lille til fire personer.

●: Så køber vi et nyt!

■: Nej, det er for dyrt, – og jeg kan ikke li' at ligge i telt, det er alt for primitivt.

◆: Vi kan jo leje en campingvogn.

■: Så kan vi lige så godt leje et sommerhus, det er ikke meget dyrere.

●: Ja, et sommerhus! – Et sommerhus ved vandet!

▲: Så kan vi bade og tage på fisketure!

●: Men vandet ska' være lavt, jeg kan jo ikke svømme.

▲: Nej, det skal være dybt!

■: Hold nu op! – La' vær' med altid at skændes. – Der er altid så meget, der skal laves i et sommerhus:
gøres rent, laves mad, vaskes op …

◆: Vi deler arbejdet, så bli'r vi hurtigt færdige. Vi kan også grille eller gå på cafeteria.

●: Åh ja, mor!

■: Godt, så siger vi, at vi lejer et sommerhus. Hvor ska' vi ta' hen?

◆: Hva' med Ærø? Dér er der mange sommerhuse. Vi kan ringe til turistinformationen i Ærøskøbing efter en brochure.

3

Forbind det, der hører sammen.

Familien Andersen	er for lille til 4 personer.
Det er for dyrt	sidder omkring bordet i stuen.
Vi holder ferie	gøres rent, laves mad, vaskes op.
Vores telt	er der mange sommerhuse.
Vi kan leje et sommerhus	at rejse til Spanien i år.
Der er så meget, der skal laves i et sommerhus	så bli'r vi hurtigt færdige.
Vi deler arbejdet	efter en brochure.
På Ærø	i Danmark i år.
Vi kan ringe til turistinformationen	det er ikke dyrere end at leje en campingvogn.

4

Fortæl hinanden i grupper, hvad I plejer at lave i jeres ferie.

Jeg plejer at	sove længe. læse en masse bøger. gå lange ture. …

Lav en liste over det. Har I noget, de andre ikke har?

5

Snak med et par andre på holdet om sommerhusferie.

Skriv, hvorfor I kan lide en sådan ferie – eller hvorfor ikke.

Positivt:

Man kan stå op, når man vil …

Negativt:

Man skal selv gøre rent …

6

Snak med en anden på holdet om hotelferie i syden.

Du er A. Den anden er B og kan godt lide at holde ferie på hotel.

A:

1. Jeg kan ikke li' at holde ferie på hotel!

B:

◀ 2. Hvorfor ikke det?

A:

3. Man ska' altid spise til bestemte tider!

B:

◀ 4. Ja, det er klart, men …

A:

5. Det kan godt være, men …

B:

◀ 6. Det har du måske ret i, men …

A:

7. Jeg synes, at …

B:

◀ 8. Nå ja, men …

A:

9. Ja, selvfølgelig, men …

B:

◀ 10. Ja, det kan godt være, men …

A:

11. Ja, det er rigtigt, men jeg mener, at …

B:

◀ 12. Tror du virkelig, at …

A:

13. Netop, men …

B:

◀ 14. Nej, det passer ikke! Det er ikke rigtigt!

A:

15. Vi bli'r nok aldrig enige!
La' os snakke om noget andet!

7

Hvor kan du bedst lide at holde ferie?

Jeg vil helst holde ferie ved vandet. Helst ved havet – jeg kan godt li' at ligge på stranden og slappe af – eller gå ture og samle sten. Men det kan også godt være ved en sø eller en flod – det er vigtigt for mig, at der er vand!

Vi ta'r altid til Danmark! Jeg elsker naturen dér – bakkerne, skovene, markerne og de små åer! Jeg kan godt li' at gå ture i naturen. Jeg kigger på fugle, blomster, træer …

Jeg ka' godt li' at sejle i min ferie! Det er lige meget, hvor det er. Og sidste år var jeg i Spanien og lærte at surfe!

I Danmark har vi jo kun bakker, så jeg kan godt li' at holde ferie, hvor der er høje bjerge. Vi plejer at tage til Schweiz, sommetider også til Østrig.

a. Se på det, de fire personer siger.

Lav nu sammen med en anden på holdet en liste med de ord, der har noget med natur at gøre. Har de andre noget, I ikke har?

b. Skriv nu 4–5 sætninger om, hvor og hvordan du selv bedst kan li' at holde ferie.

c. I grupper på 4 personer prøver I at blive enige om, hvor I sammen vil tage hen på ferie. Husk at tage det, som du har noteret, med ind i diskussionen!

La' os tage til …

– Ja, lad os det!

– Det er en god idé!

Skal vi ikke tage til …

– Nej, det gider jeg ikke! Jeg synes …

HUSK

Jeg vil gerne …
Jeg vil hellere …
Jeg vil helst …

8 43

Hans ringer til turistinformationen

(▲ = Hans, ● = damen i turistinformationen)

●: Goddag. Det er turistinformationen i Ærøskøbing.

▲: Goddag, mit navn er Hans Andersen. Vi har tænkt os at holde ferie på Ærø i år. Har I nogen sommerhuse, vi kan leje?

●: Ja, det har vi. Vi har en lille brochure, som jeg kan sende til dig. Men du må skynde dig, hvis du vil leje sommerhus, mange er allerede udlejet. Må jeg lige be' om navn og adresse.

▲: Ja, det er Hans Andersen – Hesnæs, 4850 Stubbekøbing, Falster.

●: Tak. – Er der ellers noget, jeg kan hjælpe med?

▲: Ja, hvordan kommer jeg bedst til Ærø?

●: Du kører jo nok over Lolland. Så kan du ta' færgen Tårs-Spodsbjerg over til Langeland.

▲: Hvor længe varer sejlturen?

●: Ca. 45 minutter. Og så kan du sejle fra Rudkøbing til Marstal. Det ta'r en time. – Eller du kan ta' over Tåsinge til Svendborg og derfra med færgen til Ærøskøbing. Det ta'r 75 minutter.

▲: Ja – jeg ved ikke rigtig …

●: Nu sender jeg dig en plan, så kan du selv se på afgangs- og ankomsttiderne.

▲: Ja, tak! Har I et kort over Ærø eller nogen brochurer?

●: Ja, det har vi. Vi har en brochure, hvor der også er et kort. Du skal nok få den sammen med det andet.

▲: Tak for det. Farvel.

●: Farvel og tak!

9

Nu ringer I til en turistinformation og beder om oplysninger om det sted, I blev enige om før.

Find først ud af, hvad I vil spørge om. Notér nogle stikord.

Lektion 20

1

Hvad hedder det på tysk?

Hvilke ord kender I ikke?

STEGE

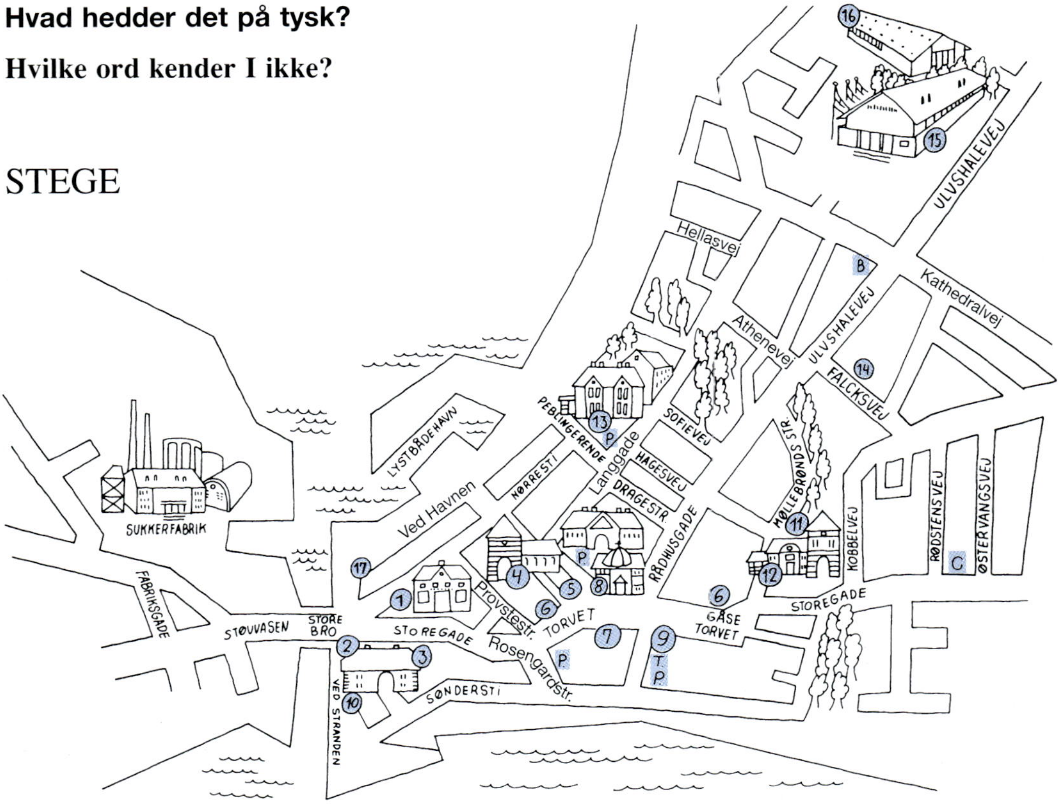

1 posthus ____________________

2 turistinformation ____________

3 hotel ______________________

4 kirke ______________________

5 bank ______________________

6 sparekasser ________________

7 apotek _____________________

8 politistation ________________

9 kommunekontor ____________

10 rutebilstation _____________

11 bibliotek __________________

12 Møns Museum ______________

13 sygehus ___________________

14 camping ___________________

15 Mønshallen ________________

16 svømmehal ________________

17 havnekontor _______________

B = benzintank ______________

T = toiletter _________________

P = parkering ________________

C = cykeludlejning ___________

2

Se nu sammen med en anden på kortet og spørg hinanden:

Hvor er	rutebilstationen? sygehuset? museet? …

– Den – Det	ligger	på … i …

3

Snak med en anden på holdet om en by i Danmark, han/hun kender godt:

Er der	et rådhus? et museum? en station? et motionscenter? en restaurant? …

– Ja, det er der.
– Nej, det er der ikke.

4

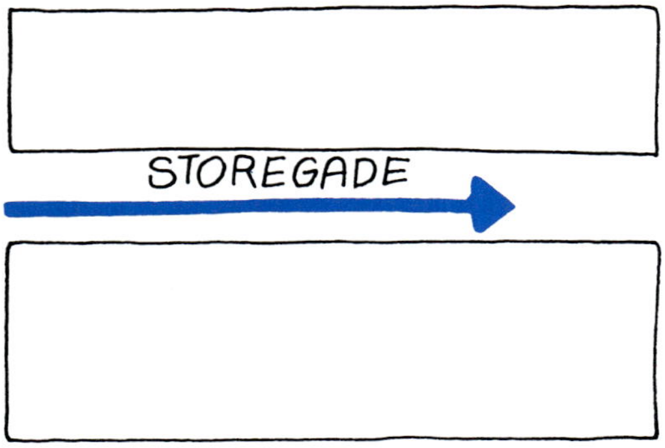

Du skal gå *lige ud ad* Storegade.
Du skal gå *hen ad* Storegade.

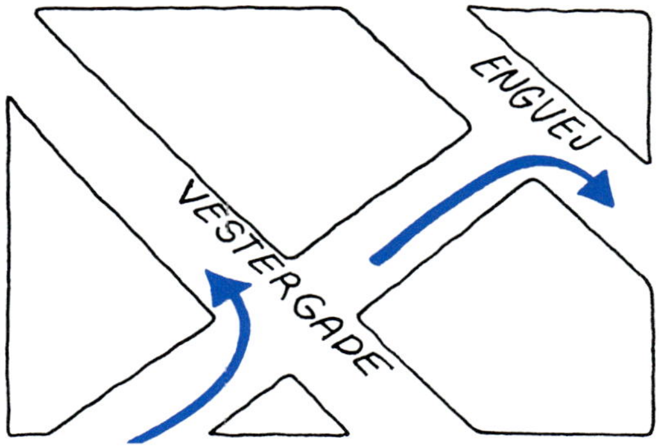

Du skal gå *til venstre ad* Vestergade.
Du skal gå *til højre ad* Engvej.

Du skal gå *forbi* politistationen.
Du skal gå *forbi* Skolegade.

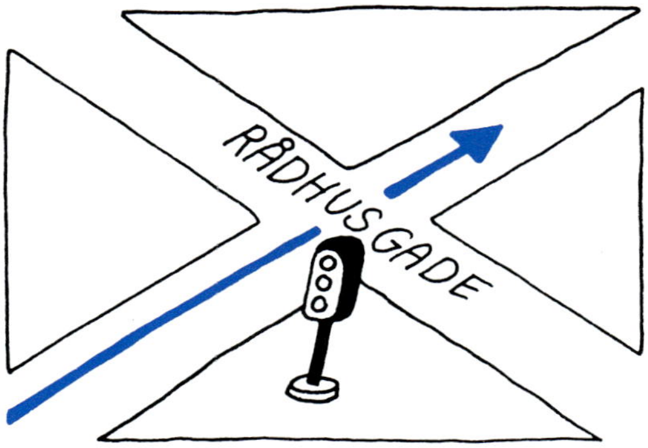

Du skal gå *over* Rådhusgade.
Du skal gå *over* gadekrydset ved lyskurven.

Kirken ligger *på venstre hånd*.
Benzintanken ligger *på højre hånd*.

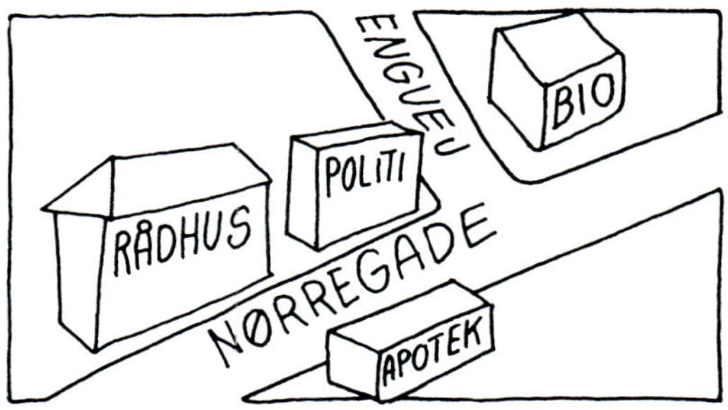

Biografen ligger *på hjørnet af* Nørregade og Engvej.
Politistationen ligger *ved siden af* rådhuset.
Apoteket ligger *over for* rådhuset.

5

I en fremmed by

Du står på torvet i Stege. Nu kender du Stege og kan hjælpe andre turister.
En anden på holdet er turist og spørger efter forskellige steder.

6

COLO
© ALUNER-ALMÉE
KAN DE SIGE MIG VEJEN TIL NÆRMESTE POSTKONTOR ?
JA ... DE SKAL STÅ AF PÅ BISPETORVET OG SÅ GÅ ...
HVORDAN KOMMER MAN TIL STRANDEN HERFRA ?
HVAFFOREN STRAND ?
KAN DE SIGE MIG, HVOR DAMETOILETTET LIGGER ?
HVA ?!
ÅH ONDSKYLDT, JEG HØRE IKKE JEG LYTTE PÅ MIN KURSUS PÅ DANSKA

7

a. Se på billedet af en lille dansk by omkring 1900.

En anden på holdet kigger på side 182. Her er den samme by, men billedet er fra omkring 1980. Byen har forandret sig.
Spørg den anden:

Er der stadigvæk en kirke?

Er der en købmand?

Er der …?

– Ja, det er der.

– Nej, det er der ikke.

– Nej, …

b. Se bagefter sammen på begge billederne og snak om, hvad der ellers har forandret sig.

Før var der en skole midt i byen.

I 1980 er den væk. Nu …

Lektion 21

1

Hvordan er vejret?

Det er fint vejr:

1. Solen skinner.
   Himlen er blå.

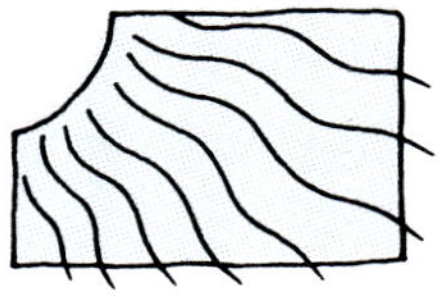

2. Det er dejlig varmt.

Det er dårligt vejr:

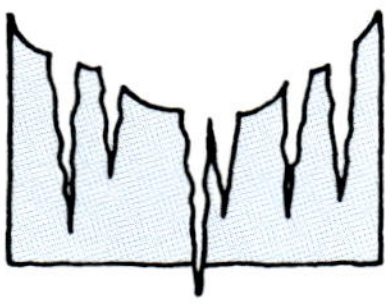

1. Det er koldt.
   Det fryser.
   Der er is på
   søen.

4. Det er næsten
   overskyet.
   Der er mange
   skyer på himlen.

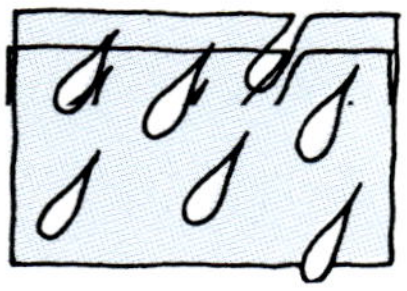

2. Det regner.
   Himlen er mørk.

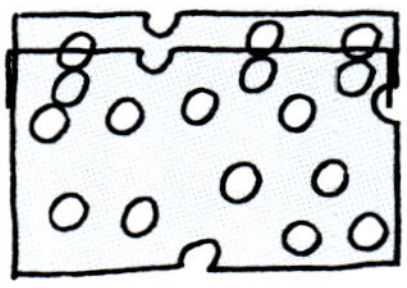

5. Det sner.
   Der ligger sne i
   gaderne.

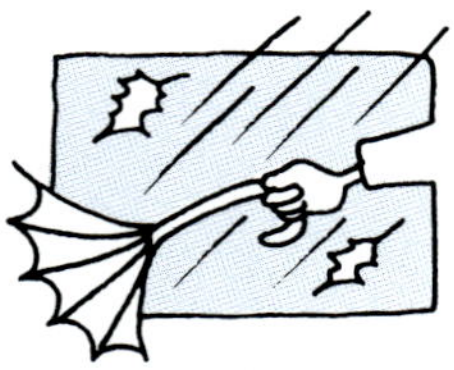

3. Det blæser.
   Vinden er frisk.
   Det er næsten
   stormvejr.

6. Det er tåget.
   Tågen er tæt.

2 

Spørg en anden på holdet.

Hvordan har vejret
været i dag?

Hvordan var
vejret i går?

3 

Tænk på vejret i Danmark og skriv sammen med en anden på holdet jeres associationer.

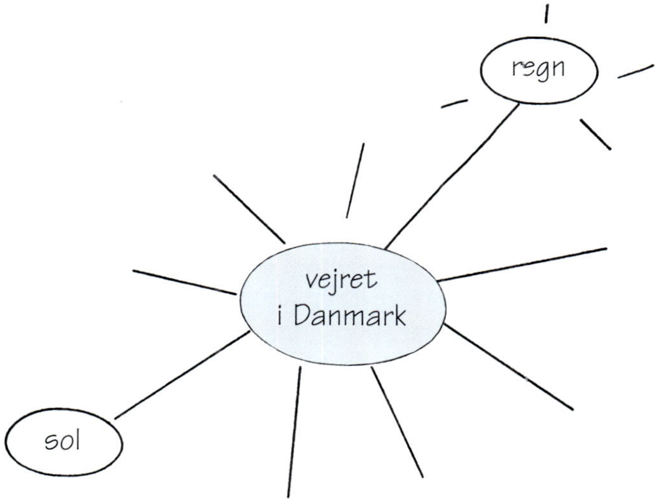

Sammenlign bagefter med det, de andre har.

4 

Det er søndag morgen. Du kigger ud ad vinduet for at se, hvordan vejret er.

a. Vejret er dejligt! Foreslå noget, I kan lave.

b. Vejret er rigtig dårligt – trist og gråt. Foreslå noget, I kan lave.
Hvem har de bedste forslag?

Vejret er	så fint … …	i dag. Hva' med	at arbejde i haven? en tur til stranden? …
	så dårligt … …		at gå i biografen? at hygge os med en video? …
Det regner Det sner			

– Det er en god idé!

– Det gider jeg ikke!
– Jeg vil hellere …

5 44

Lyt til digtet sunget af Kim Larsen.

1
Det er i dag et vejr – et solskinsvejr!
O, søde vår, så er du atter nær!
Nu vil jeg glemme rent, at det var vinter,
nu vil jeg gå og købe hyacinter
og bringe dem til én, som jeg har kær.

2
Hun købte af de hvide og de blå,
hun købte af de smukkeste, hun så.
Det er i dag et vejr! Og solen skinner!
Og om mig svæver lutter lyse minder,
dem ta'r jeg med til den, jeg tænker på.

3
Og de kom svævende i ring og rad.
Hun gik imellem dem og var så glad.
Det er i dag et solskin uden mage!
Og jeg har solskin nok til mange dage,
og jeg må kysse hvert et lille blad.

4
Hun kyssede dem alle, hver især,
hun bragte dem til den, hun havde kær.
Min ven, her kommer jeg med hyacinter!
Min ven, nu glemmer vi, at det var vinter!
Det er i dag et vejr, et solskinsvejr –!

Ludvig Holstein
Fra „Digte", 1895

Se sammen med en anden på holdet på forårsdigtet og sæt streg under alle de ord, der har noget med vejr og årstider at gøre.
Find bagefter ord, der har med kærlighed at gøre.

6

Her er en annonce med en vejrmelding.

Hvad menes der med „Dårligt vejr findes ikke …“?
Hvad mener du selv?

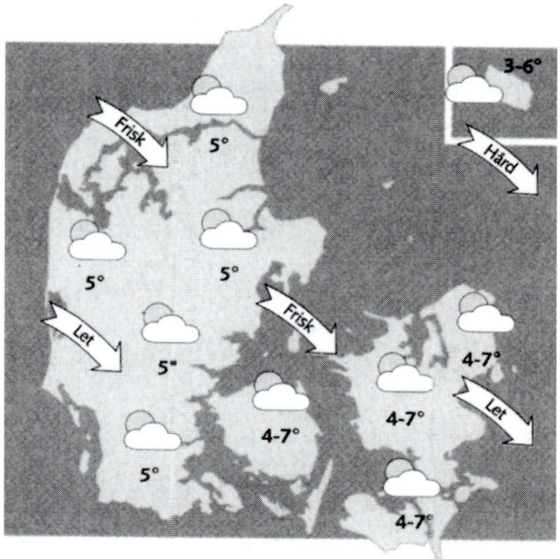

Europa

Athen	10	11	overskyet
Barcelona	8	8	letskyet
Bordeaux	4	7	letskyet
Bruxelles	1	4	regn
Budapest	−2	5	halvskyet
Constanta	2	3	skyet
Firenze	5	9	letskyet
Frankfurt	1	4	halvskyet
Genève	4	4	halvskyet
Istanbul	4	8	skyet
Korfu	7	13	skyet
Kreta	9	19	halvskyet
Las Palmas	18	19	skyet
Lissabon	11	12	skyfrit
London	6	9	overskyet
Madeira	14	15	overskyet
Madrid	6	6	overskyet
Malaga	11	10	halvskyet
Mallorca	5	–	–
Malta	12	–	–
Marseille	4	7	skyfrit
Milano	−3	6	skyfrit
Napoli	8	6	regn
Nice	7	10	letskyet
Nicosia	9	17	letskyet
Palermo	12	15	skyet
Paris	1	5	overskyet
Rhodos	12	13	skyet
Rom	7	11	skyet
Samos	8	13	overskyet
Tenerife	18	18	overskyet
Venedig	2	–	–
Wien	3	3	overskyet
Zagreb	−2	4	overskyet
Zürich	1	2	overskyet

7

Telefonsamtaler

Det er sidst i februar. Du er „flygtet“ til et land sydpå, hvor vejret er bedre. Du har en kort telefonsamtale med en af dine venner i Danmark. I snakker om vejret.
Hvordan vejret er dér, hvor du befinder dig, kan du se under *Europa*.
Lav en lille dialog sammen med en anden på holdet og spil den for de andre.

8 45 Lytteøvelse

Planer for weekenden

a. Lyt til samtalen mellem to venner og sæt bagefter dialogen i den rigtige rækkefølge.

____ Gid jeg kunne komme med. Jeg trænger til at komme lidt væk.

_1_ Hvad skal du lave i weekenden?

____ Ja, men jeg håber da, det bli'r bedre. Bare det ikke regner, så er jeg tilfreds. Jeg glæder mig til at gå ture langs stranden.

____ Jamen det kan du da godt, det ville da være en god idé. Jeg tror, jeg også ringer til Kirsten og Søren og spørger, om de ikke også har lyst til at komme med.

____ Bare de er hjemme, de har ikke nogen telefonsvarer.

____ I sommerhus? I det her vejr? Det er koldt, og det blæser.

____ Jeg skal i sommerhus. Jeg har fået lov til at låne min fætters sommerhus.

____ Ja, jeg håber, de to har tid til at tage med. De har altid så travlt. – Men jeg synes ellers, det er en vældig god idé! Jeg tager i hvert fald gerne med.

b. Lyt en gang til og check.

9

Og hvad håber du?

Bare jeg ikke bliver arbejdsløs!

Jeg håber, at min kæreste snart kommer hjem fra Israel.

Gid jeg snart får arbejde!

a. Tænk på dit arbejde, din personlige situation, ferie, …

Skriv 5 sætninger:

1. *Bare …*
2. *Bare …*
3. *Gid …*
4. *Gid …*
5. *Jeg håber, …*

b. Snak bagefter med de andre om det, I har skrevet.

Gid Bare Jeg håber,	regnen snart holder op. Mette kan komme med på interrail. …

10 (46)

a. Kirsten ringer afbud

Kirsten og Søren er hjemme. De bliver glade for invitationen til at tage med ud til sommerhuset. Men fredag morgen ringer Kirsten til Ulrik for at sige, at de ikke kan komme med alligevel.
(▲ = Kirsten, ● = Ulrik)

▲ Vi kan desværre alligevel ikke komme med.
● Det var kedeligt. Hvorfor ikke det?
▲ Søren skal arbejde i weekenden.
● Det var da en skam.
▲ Ja, det synes jeg også. Søren er også ked af det.
● Kan du ikke tage med uden ham?
▲ Nej, det har jeg ikke rigtig lyst til. Jeg gider ikke være sammen med jer to alene.
● Nå – det er jeg meget skuffet over at høre. Hej med dig!
▲ Hej!

b. En anden på holdet ringer til dig for at fortælle, at han/hun ikke kan komme til noget, I har planlagt. Det er du meget skuffet over.

Spil en sådan situation. Det her hjælper dig:

Jeg Vi	kan desværre ikke	komme i aften. …

– Det er/var en skam!
– Det var kedeligt!
– Det er jeg meget ked af!
– Det er jeg meget skuffet over!

Lektion 22

1

Glædelig jul!

– Tak i lige måde!

Godt nytår!

– Tak i lige måde!

Julen 1998

Kære Rita, Herbert, Ute og Ingrid!

I ønskes alle en rigtig glædelig jul og et godt nytår!

Juleaften er vi sammen med Hans' forældre, de sover også her hos os.

1. juledag kommer alle vores venner til frokost, det bliver sikkert vældig hyggeligt.

Hvad skal I lave i julen?

Kærlig hilsen fra os allesammen

Birthe

2

Juleforberedelser

a. Det er snart jul. Find sammen i små grupper og lav en huskeliste over, hvad I skal ordne inden juledagene.

- købe juletræ
- lave julepynt
- kigge efter opskrifter
- …
- …

b. Nu er der kun 3 dage til jul. Der er stadig masser af ting fra huskelisten, du ikke har fået ordnet eller skal nå endnu. Skriv.

Jeg skal til koncert i kirken.

Jeg skal over til naboen i morgen aften.

Jeg skal købe juletræ.

Jeg skal hente juletræsfoden op fra kælderen.

Jeg skal købe …

Jeg skal …

…

23 december (aften)	lille juleaften
24 december (aften)	juleaften
25 december	første juledag
26 december	anden juledag
31 december (aften)	nytårsaften
1 januar	nytårsdag

c. Du finder ud af, at du ikke kan klare alt selv, og beder en anden på holdet om hjælp.

Vil du Gider du	godt	hente juletræsfoden for mig?
	ikke nok ikke godt	… …

– Ja. – Ja, det skal jeg nok.
– Jo! – Jo, det skal jeg nok. – Jo – det er ikke noget problem!

3

Hvordan plejer du at holde jul? Fortæl!

4

Spar på energien!

Her er en annonce, som Energi-Spareudvalget satte i aviserne i 1980. Det er længe siden – men den er desværre stadigvæk aktuel. Se på den sammen med en anden på holdet og find de ting, der gælder endnu. Er der nogle punkter, hvor I ikke er enige? Snak bagefter med de andre på holdet om det.

Mangler du en idé til et godt nytårsforsæt?

Her er 10:

1 Jeg vil ikke have mere end 20° i stuen.
2 Jeg vil tage brusebad i stedet for karbad.
3 Jeg vil aldrig mere vaske op i rindende varmt vand.
4 Jeg vil ikke have mere end 17° i soveværelset.
5 Jeg skal have sat termostatventiler på radiatorerne.
6 Jeg må sørge for at få tætnet døre og vinduer.
7 Jeg vil spare endnu mere på elektriciteten.
8 Jeg vil lære at køre bil efter »sparemetoden«.
9 Jeg vil kun køre i bil, når det er nødvendigt.
10 Jeg vil i det hele taget prøve at spare endnu mere på energien.

Spar på energien

Det blir der også brug for i 1980.
Energi-Spareudvalget ønsker godt nytår.

5

Hvad kan I gøre for at spare på energien?

Snak med en anden på holdet om det. Find mindst 3 ting og hør bagefter, hvad de andre på holdet har skrevet. Skriv en liste på tavlen: Man kan …

6

Nytårsforsætter

Fortæl om dine nytårsforsætter:

Jeg vil Jeg vil ikke Jeg vil altid	holde op med at … ryge … spise … cykle …

7

Følgende ting skal siges på en høflig måde:

Tænd lyset!	Giv mig avisen!
Tænd for fjernsynet!	Ræk mig saltet!
Sluk for radioen!	Kom i aften!
Luk døren!	Ring til turistinformationen!
Hjælp mig!	Gå til bageren!
Vask op!	Bestil færgeplads!
Ryd op!	

Del holdet op i to grupper. Notér jeres høflige ønsker på små kort. Læs dem efter tur højt for den anden gruppe, som skal reagere på en høflig måde.

Lektion 23

1 

Skriv, hvad Mulle laver i sin fritid, og fortæl det bagefter til en anden på holdet.

strikker	sejler	slapper af	laver mad
spiser	sover	synger	tegner og maler
svømmer	rider	spiller fodbold	spiller et instrument

2

a. Hvad laver du regelmæssigt i din fritid? Sæt ✗.

- [ ] læser en bog
- [ ] læser avis
- [ ] ser fjernsyn
- [ ] hører radio
- [ ] lytter til musik
- [ ] slapper af derhjemme
- [ ] besøger venner
- [ ] spiller kort
- [ ] går i biografen
- [ ] går ud at spise
- [ ] går ud at danse
- [ ] går en tur
- [ ] arbejder i haven
- [ ] sover længe
- [ ] spiller klaver
- [ ] gør gymnastik
- [ ] jogger
- [ ] spiller tennis

b. Fortæl de andre, hvad du aldrig laver.

Jeg går aldrig ud at danse.

Jeg slapper aldrig af.

– Det tror jeg ikke på!

c. Hvad laver du i weekenden? Hvad laver du om aftenen?

Spørg hinanden i grupper.

3

Hvad man også kan lave i sin fritid

a. Se på piktogrammerne sammen med en anden på holdet og skriv, hvad det er for en aktivitet.

spille badminton	spille bordtennis
spille volleyball	spille skak
fotografere	fiske
samle på frimærker	løbe

b. Autografjagt

Gå rundt på holdet og find ved hjælp af korte interviews frem til personer, som vil skrive deres navn (autograf) ved en af aktiviteterne på piktogrammerne. Hvem på holdet har flest autografer efter 5 minutter?

Spiller du badminton?

– Ja, det gør jeg.

Vil du godt skrive dit navn her?

Fisker du?

– Nej, det gør jeg ikke.

4

a. Snak med en anden på holdet og tag notater.

Hvor tit ser du fjernsyn?

– Jeg ser fjernsyn hver aften.

Det gør jeg også.

Spiller du tennis?

– Ja, jeg spiller tennis én gang om ugen. Og hvad med dig? Spiller du også tennis?

– Ja, jeg spiller også tennis én gang om ugen – hver tirsdag aften.

hver	dag
	morgen
	aften

én gang	om dagen
to gange	om ugen
tre gange	om måneden
flere gange	om året

b. Fortæl de andre, hvad I begge laver.

Vi ser begge fjernsyn hver dag.

Vi spiller begge tennis én gang om ugen.

5

Anbefalinger

Fortæl de andre på holdet, hvad du interesserer dig for, og hør, hvad de så kan anbefale dig.

Jeg interesserer mig for	rockmusik. ballet. kunst. vikingetiden. historie. tegneserier. musicals. ...

Jeg interesserer mig for rockmusik.

– Så skulle du tage til Roskilde Festival.

– Så kan jeg anbefale en ny cd. Den hedder ...

6

a. Skriv på kort, hvad du interesserer dig for og hvad ikke.

Jeg interesserer mig for kunst.
Jeg interesserer mig også for fodbold.
Jeg kan godt li' at spille fodbold med mine børn.
Jeg interesserer mig ikke for klassisk musik.
Jeg kan ikke fordrage rockmusik.
Jeg gider ikke se historiske film.

Når du er færdig, lægger du kortet i en hat.

b. Bagefter tager du et kort og læser det højt. Hvem har skrevet kortet?

Jeg tror, det er ...

Er det dig, Kurt?

7

Hvis du havde mere tid, f.eks. når du bliver pensioneret, hvad kunne du så tænke dig at lave? Notér 3 ting. Prøv at finde andre på holdet, der godt kunne tænke sig det samme.

Jeg kunne godt tænke mig at lære at spille klaver.

– Det kunne jeg også godt tænke mig.

8

Et brev fra Birthe til familien Müller

Stubbekøbing, den 5. marts 1999

Kære venner!

Det er snart længe siden, vi har hørt fra hinanden. Jeg håber, I har det godt. Her hos os går det fint. Erik havde dog influenza i januar.

Hans er begyndt at fotografere. Han havde længe ønsket sig et godt fotografiapparat, så vi gav ham et i julegave. Han er meget glad for det og går hver torsdag på kursus i aftenskolen.

Om mandagen går vi begge til gymnastik. Det er både for kvinder og mænd, og der kommer mange, vi kender fra landsbyerne her omkring. Vi har det morsomt sammen, og ofte har vi musik til. Bagefter drikker vi en øl på kroen. Sommetider jogger vi i skoven om søndagen. Hans og jeg har været medlem af idrætsforeningen, lige siden vi blev gift.

Om tirsdagen går vi til politik. Der er altid et lille foredrag, f.eks. om de forskellige politiske partier i Folketinget, og så diskuterer vi bagefter. Både Hans og jeg interesserer os meget for politik.

I kan se, at der ikke er meget tid til at hygge sig foran fjernsynet!

Ja, nu ved I, hvad vi laver om vinteren.

Jeg håber, vi ses næste sommer! God påske!

Kærlig hilsen

Birthe

9

Rigtigt eller forkert?

1. Birthe skriver tit til familien Müller.
2. Birthe og Hans har meget travlt med forskellige hobbyer.
3. Hans fotograferer.
4. Han har desværre ikke noget fotografiapparat.
5. Hans går alene til gymnastik.
6. De drikker en øl efter gymnastikken.
7. De mødes altid for at jogge om lørdagen.
8. Birthe og Hans interesserer sig ikke for politik.
9. Familien Andersen ser fjernsyn hver aften.
10. Det er snart påske.

10

Snak i små grupper om, hvad folk lavede, før der var fjernsyn.

Fortæl bagefter, hvad I har skrevet.

Man snakkede mere sammen.

Man havde tid til at …

11

a. Spørg en anden på holdet:

Kender du nogen,	ja	nej
som går i svømmehallen hver morgen?	✗	
som kan spille et instrument?		
som spiller skak i en forening?		
som synger i kor?		
som går på diskotek hver aften i weekenden?		
som er medlem af en forening?		
som har en dyr hobby?		
som har havearbejde som hobby?		
som er medlem af et politisk parti?		
som er politiker?		

b. Fortæl bagefter de andre på holdet, hvad du har hørt.

Anne har en veninde, som spiller cembalo. Hun begyndte med at spille klaver, da hun var seks år. Hun …

Lektion 24

1

Transportmidler

en færge — en bus — en cykel — en rutebil — et tog — et fly

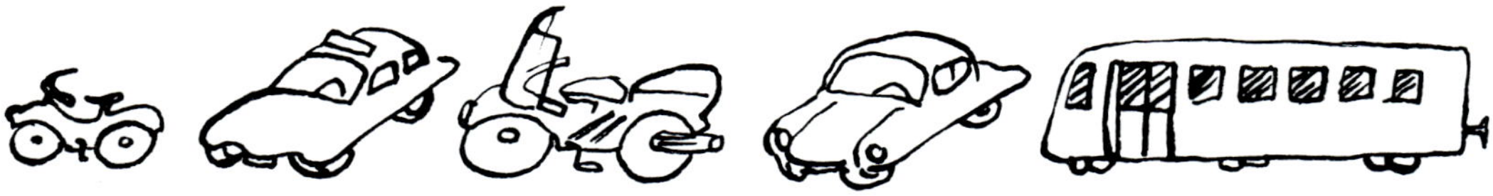

en knallert — en taxa — en motorcykel — en bil — et S-tog

a. Skriv sammen med en anden på holdet.

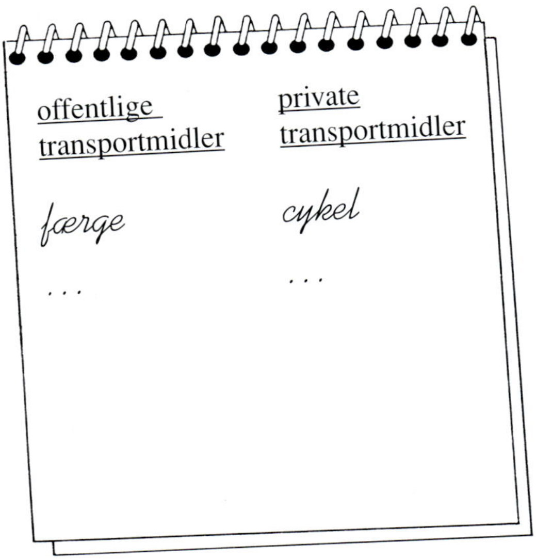

b. Spørg andre på holdet:

Hvordan kommer du på arbejde?

– Jeg	kører på	cykel. knallert. motorcykel.
	kører med tager med	undergrundsbanen. S-tog(et). bus(sen). rutebil(en).
	sejler med	færgen.
	kører i	bil. taxa.
	går. cykler.	

2 47

Brian Jensen ringer efter en taxa

(▲ = taxachauffør, ● = Brian Jensen)

▲: Nyborg Taxa. Goddag.
●: Goddag, mit navn er Jensen. Kan jeg få en taxa til Mindevej 14, – det er den store bygning på højre side af vejen lige over for supermarkedet.
▲: Det er i orden. Vi kommer om et øjeblik.

10 minutter senere.

●: Dav, jeg skal til stationen. Mit tog går om et kvarter, – tror du, vi kan nå det?
▲: Ja, det er jeg sikker på. Det ta'r ikke mere end fem minutter til stationen. – Så! – Nu er vi der allerede! – Det bli'r 58 kr.
●: Værsgo! Må jeg be' om en kvittering?
▲: Ja! – Værsgo! Og god rejse!
●: Tak!

Nu ringer du efter en taxa.

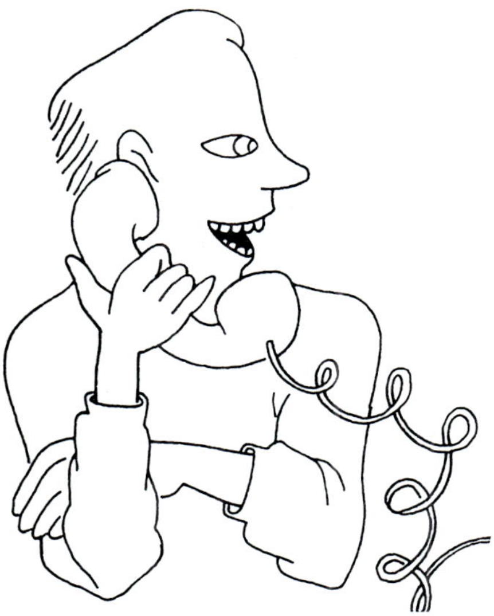

3 48

I København

Gisela Günzel fra Hamborg er i København. Hun vil tage bussen ind til Rådhuspladsen. Hun står nu ved et busstoppested, og der kommer en bus. Gisela (= ▲) spørger chaufføren (= ●):

▲: Kører du til Rådhuspladsen?
●: Nej, ikke direkte, men du kan ta' med mig og skifte ved Sallingvej. Så skal du ta' linie 2 derfra. Den kører direkte til Rådhuspladsen.
▲: Vil du godt sige til, når vi er ved Sallingvej?
●: Det skal jeg nok. – Du skal stå af anden gang, vi holder.
▲: Tak skal du ha'! Hvor tit kører linie 2?
●: Hvert 5. minut.
▲: Tak!

Læs teksten og skriv, hvad Gisela Günzel spørger om, og hvad buschaufføren svarer. Spil en sådan situation sammen med en anden på holdet.

Det er blevet nemmere at komme ud og se.

DSB Direkte

DSB har samlet information, reservation og billetsalg under én hat: DSB Direkte hedder det.

Du kommer i kontakt med DSB Direkte via din telefon, din PC eller Tekst-TV, og har dermed adgang til informationer om alt lige fra S-toget til afgangstiderne fra Gare Du Nord. Hvis du skal rejse indenlands ringer du til DSB Direkte Indland på 70 13 14 15. Her kan du også bestille billetter og reservere plads. Det samme kan du hos DSB Direkte Udland på 70 13 14 16. Du kan selv hente billetten – eller få den sendt med posten med betaling over post-opkrævning, check eller kreditkort.
På internettet har DSB Direkte adressen http:/www.dsb.dk.
På Tekst-TV finder du DSB Direkte via TeVefonen på side 700.

4 (49) Lytteøvelse

Gisela Günzel skal rejse hjem igen. Hun er nu på Hovedbanegården i København. Hun vil tage over Rødby-Puttgarden til Hamborg.

a. Sæt dialogen mellem Gisela og herren i „Informationen" i den rigtige rækkefølge.

___ ▲: Det passer fint. Skal jeg skifte?

___ ●: Det næste tog afgår kl. 15.20 og ankommer til Hamborg Hovedbanegård kl. 20.28.

___ ▲: Hvornår går der et tog til Hamborg?

___ ●: Nej, det skal du ikke. Toget afgår fra spor 7. Har du allerede en billet?

___ ▲: Tak for det, farvel!

___ ●: Den kan du få derovre.

___ ▲: Ja, jeg har en returbillet, men jeg vil gerne ha' en pladsbillet.

___ ●: Det var så lidt. Farvel.

b. Lyt og check.

5

Nu beder du om informationer om en togrejse fra København til Hamborg.

En anden på holdet sidder i „Informationen" på en dansk station eller hos „DSB Direkte" og kigger i en køreplan (se s. 183).

Stikord: afgår – ankommer – skifte – billet – pladsbillet

6

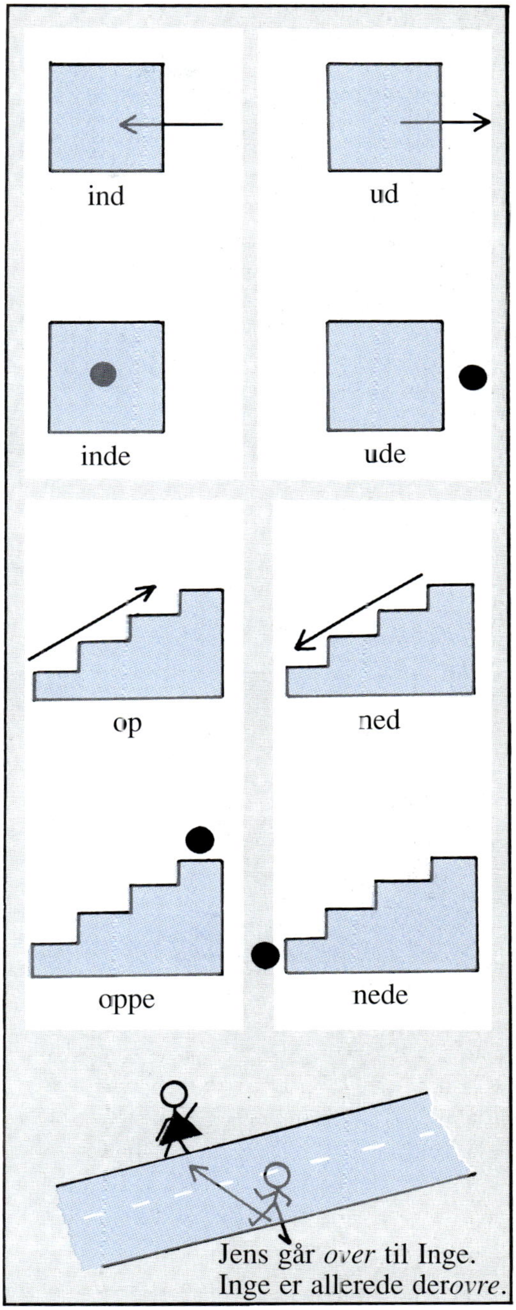

7

Hvad hedder det?

ind(e) – ned(e) – op(pe) – ud(e) – hen(ne) – hjem(me) – over/ovre

Øv sammen med en anden på holdet.

1. Tager du _____ med tog?
2. Ole sidder _____ i ventesalen.
3. Du kan køre med bus _____ til centrum.
4. Min bil står _____ .
5. Færgen sejler _____ af havnen.
6. Du kan få billetter _____ i kiosken.
7. Lidt senere er færgen _____ på fjorden.
8. Tager du med mig _____ til Hovedbanegården?
9. Går du med _____ til spor 3?
10. Du kan købe en kop kaffe _____ på 1. sal.
11. Tager du cyklen _____ i kælderen?
12. Har du sat knallerten _____ i kælderen?
13. Jeg skal hente Tom _____ på stationen kl. 12.15.
14. Kommer du med _____ i restauranten?

8

En gåtur

Se på billedet. En på holdet kigger på side 184 og læser højt, hvor I går hen. Tegn ruten ind med blyant. Bagefter er der måske en anden på holdet, der siger, hvad vej I skal gå.

Lektion 25

1

Hvad laver de?

landmand	buschauffør	arbejdsløs	kontorassistent
tandlæge	ingeniør	hjemmehjælper	lærer

Øv udtalen af ordene og skriv dem bagefter ind:

OLAV

Jeg er __________

LONE

Jeg er __________

STEN

Jeg er __________

ANNE BIRGITTE

Jeg er __________

KIRSTEN

Jeg er __________

MARTIN

Jeg er __________

JENS ERIK

Jeg er __________

DORTE

Jeg er __________

2

Hvad laver du?

Mit drømmejob – et arbejde/job, jeg godt kunne tænke mig: ______________

Sæt ✗ ved de ting, der beskriver det, og læs bagefter sætningerne med ✗ højt for andre på holdet. Kan de gætte dit drømmejob?

Jeg er selvstændig og er min egen chef. ☐	☐ Jeg er ansat og har en chef.
Jeg arbejder hjemme. ☐	☐ Jeg arbejder ikke hjemme, men i en forretning/i en butik/i en bank/i et firma/i en stor virksomhed – på kontor/på fabrik – hos … (f.eks. hos „Dan-Tron“, hos en læge).
Jeg arbejder sammen med andre. ☐	☐ Jeg arbejder alene.
Jeg arbejder for det meste udendørs. ☐	☐ Jeg arbejder for det meste indendørs.
Jeg fremstiller ting. ☐	☐ Jeg reparerer ting.
Jeg sælger ting. ☐	☐ Jeg administrerer ting.
Jeg har fast arbejdstid. ☐	☐ Jeg har fleksibel arbejdstid/flekstid.
Jeg arbejder på skiftehold. ☐	☐ Jeg har et deltidsjob.
Jeg rejser meget. ☐	☐ Jeg rejser ikke eller næsten aldrig.
Jeg har en lang uddannelse. ☐	☐ Min uddannelse var ikke særlig lang.
Lønnen er rimelig. ☐	☐ Lønnen er desværre ikke særlig god.
Jeg tjener godt. ☐	

Jeg … ______________________________

(Her kan du tilføje noget, der også er vigtigt for at beskrive dit arbejde).

Hvis de andre ikke kan gætte dit drømmejob, kan de stille spørgsmål for at finde ud af, hvad du godt kunne tænke dig at lave.

3

Her fortæller 4 personer – Jens, Vibeke, Else og Carl – om deres arbejde.
Find sammen i små grupper à 4 personer og læs hver for sig om enten Jens, Vibeke, Else eller Carl. Fortæl bagefter om „din person".

Husk at berette om følgende:
- Hvad laver Jens/Vibeke/Else/Carl?
- Hvad kan du sige om deres arbejdstid?
- Hvorfor kan de lide deres arbejde?
- Hvad kan de ikke lide?
- Hvad er de bange for? Har de problemer?

Jens Larsen: 50

Jeg er landmand og har min egen gård. Jeg kan godt lide arbejdet, det er meget interessant. Jeg nyder at være ude i marken, for jeg kan godt lide at arbejde i frisk luft.
Men jeg har en lang arbejdsdag. Jeg starter tidligt, allerede klokken fem om morgenen. Jeg kan heller ikke være væk fra gården i længere tid, – så jeg har ikke været på ferie, siden jeg købte gården af min far. Min kone og jeg prøver at være fælles om alt arbejde, så er det morsommere for os begge to. Rent økonomisk står det meget hårdt til her på gården, jeg må betale temmelig meget i skat. Jeg håber alligevel, at gården en dag kan gå videre til min søn Per.

Vibeke Olsen:

Jeg er husmor, men har et deltidsarbejde for at tjene nogle ekstra penge. Jeg har en stilling som kontorassistent i et rejsebureau. Jeg er glad for jobbet, fordi jeg ikke kunne tænke mig at gå hjemme hele dagen. Børnene er i børnehave om formiddagen, så det går helt godt. Jeg henter dem, når jeg er færdig på kontoret og har købt ind.
Desværre hjælper min mand ikke til hjemme, og ofte føler jeg, at det bli'r for hårdt for mig at klare alt – både jobbet, børnene og arbejdet hjemme.

51

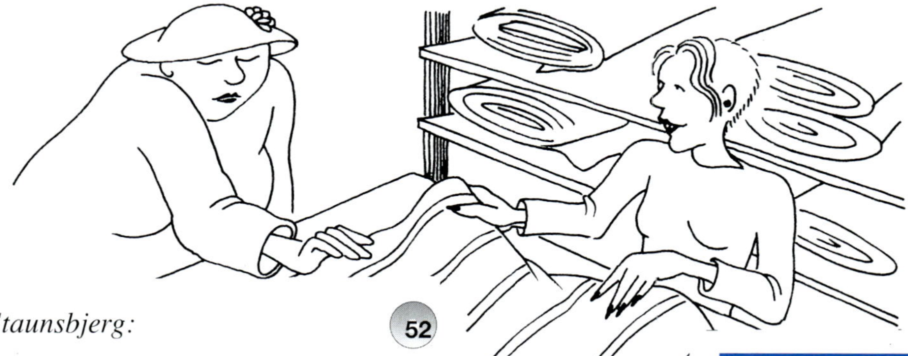

Else Staunsbjerg: 52

Else Staunsbjerg
salgsassistent
arbejdstid:
37 timer om ugen

Jeg arbejder som salgsassistent i et stormagasin. Jeg er for det meste tilfreds med mit arbejde, da jeg godt kan lide at være sammen med andre mennesker.
Men sommetider er jeg meget træt om aftenen, fordi der er så meget støj og så dårlig luft i forretningen – og man står op hele dagen! Ofte er folk sure og ikke særlig venlige mod mig – så synes jeg, det er et trist job.
Hvis jeg skal søge en anden stilling som salgsassistent, er det godt at kunne tale flere sprog. Derfor er jeg begyndt at gå til tysk og engelsk. Jeg har også tænkt på, om jeg måske skulle starte på noget helt andet – måske en ny uddannelse.

Carl Holm: 53

Jeg arbejder på en fiskemelsfabrik. Arbejdet er ikke særlig interessant, men jeg har fast arbejdstid, og det kan jeg godt lide. Jeg begynder klokken syv om morgenen og har fri klokken fire. Klokken tolv har vi en frokostpause, hvor jeg kan spise i kantinen.
Jeg er medlem af en fagforening. Jeg mener ikke, jeg tjener nok, men jeg er imod at strejke for flere penge nu. Det går ikke så godt for Danmarks fiskeri for tiden, så jeg er lidt bange for, at vores fabrik bliver nødt til at lukke. Jeg er meget bange for at blive arbejdsløs. Jeg har en bror, der ikke fik nogen arbejdsplads efter sin uddannelse. Han har nu været arbejdsløs i halvandet år.

Carl Holm
fabriksarbejder
arbejdstid: 37 timer
om ugen

4

Er du glad for dit arbejde?

Hvordan vil du beskrive dit arbejde? Skriv 3 sætninger – med noget positivt og noget negativt i hver.

Du kan bruge de her ord eller andre:

positivt

godt vigtigt interessant
udfordrende krævende spændende

negativt

trist hårdt dårligt
kedeligt snavset farligt

Hvis du finder for mange negative ting, tænk over det.

5

Fortæl bagefter de andre om dit eget arbejde.

– Hvad laver du?
– Fortæl om din arbejdsplads, din uddannelse, din fagforening osv.
– Kan du lide dit arbejde? – Hvorfor? – Hvorfor ikke?

6

a. Skriv sammen med en anden alle de ord, som I tænker på i forbindelse med *arbejde*.

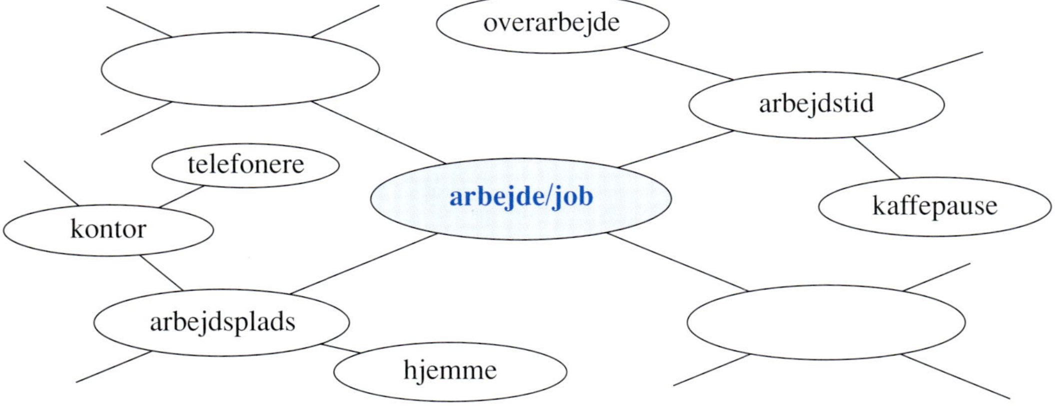

b. Bagefter rækker I jeres papir videre til den næste gruppe, som tilføjer ord, som I ikke har, men som de selv har skrevet – osv. – til sidst får I jeres eget papir tilbage og kan kigge på, hvad de andre på holdet har tilføjet.

Lektion 26

1

En snak om arbejde

a. Interview en anden på holdet.

	altid	næsten altid	ikke så tit	aldrig
– Tager du på arbejde på et bestemt tidspunkt?	☐	☐	☐	☐
– Cykler du på arbejde?	☐	☐	☐	☐
– Holder du små pauser?	☐	☐	☐	☐
– Spiser du i kantinen i frokostpausen?	☐	☐	☐	☐
– Snakker du om dit privatliv med kollegerne?	☐	☐	☐	☐
– Drikker du kaffe, te eller noget andet, mens du arbejder?	☐	☐	☐	☐
– Ryger du, mens du arbejder?	☐	☐	☐	☐
– Har du sommetider overarbejde?	☐	☐	☐	☐
– Tager du sommetider arbejde med hjem?	☐	☐	☐	☐

b. Fortæl de andre på holdet, hvad du har hørt, og prøv at finde frem til 2 på holdet, der laver det samme.

Grethe siger, at hun tit tager arbejde med hjem.

Katrin tager også tit arbejde med hjem.

Olav siger, at han aldrig spiser i kantinen.

Eva siger også, at hun aldrig spiser i kantinen.

2

Se på analysen om stress på arbejdet og snak om det.

Hveranden føler sig presset på jobbet

Især offentligt ansatte føler sig tidsmæssigt presset

	Alle ansatte	Ansatte med børn	Ansatte kvinder	Ansatte mænd	Privat ansatte	Offentligt ansatte
Meget presset	17 pct.	17 pct.	19 pct.	16 pct.	15 pct.	24 pct.
Presset	32 -	39 -	34 -	31 -	31 -	38 -
Hverken/eller	15 -	14 -	14 -	16 -	20 -	6 -
God tid	33 -	27 -	31 -	34 -	32 -	30 -
Meget god tid	3 -	3 -	2 -	3 -	2 -	3 -

Undersøgelsen er fra 1. november 1996
Kilde: IFKA 1997 L7080

Hvordan har du det selv? Føler du dig også presset på jobbet?
Tænk også på jeres interviews fra nr.1.

3

Hvad synes du, er vigtigst ved en god stilling? Sæt numre på:

- ◯ god løn
- ◯ fast arbejdstid
- ◯ god chef
- ◯ god atmosfære på arbejdspladsen
- ◯ trygge og sikre arbejdsforhold
- ◯ venlige arbejdskolleger
- ◯ god ferieordning
- ◯ ....
- ◯ ....

Snak med de andre på holdet om det og notér på tavlen, hvad I bliver enige om.

4

Snak med et par andre på holdet om, hvad I ser på billedet.

Hvad fortæller det om livet i Danmark?

5

54

Bare det var søndag...

Jeg har en far og en mor,
der går på arbejde begge to,
for de skal tjene penge,
til mig og så min bror.

Men når min far kommer hjem,
så er min mor lige gået,
når min mor kommer hjem,
så sover min far.

Jeg har en far og en mor,
der næsten aldrig er hjemme,
for de har brug for penge
til mig og så min bror.

Jeg har en far og en mor,
som jeg ikke ser meget til.
De arbejder hele tiden
for mig og så min bror.

Jeg har en far og en mor,
der vil gøre alt for mig,
så vi kan få det bedre
både mig og så min bror.

Jeg har en far og en mor,
der, hver gang det er søndag,
ta'r os med på no'en ture
både mig og så min bror.

Snak om på holdet, hvordan sangen passer sammen med Bo Bojesens tegning.

6

Brevkasse

Officielt er jeg dansker, men …

Jeg ringer til en smørrebrødsforretning, som søger en til at ekspedere. Jeg siger: „Goddag, mit navn er Johanne Eriksen, jeg ringer angående den stilling, De har annonceret, jeg er meget interesseret". Men ét ord må være smuttet for mig, og stemmen i den anden ende af telefonen spørger: „Er du dansker?" Jeg tænker på, hvor han vil hen med det, jeg har jo dansk statsborgerskab. Min stolthed kommer op i mig, så jeg siger: „Jeg er grønlænder" – i stedet for bare at svare „Ja". Tavshed et par sekunder, hvor jeg tænker på, at nu har jeg igen ikke en ærlig chance, nu vil racediskriminationen vinde igen. Stemmen spørger om lidt mere, og jeg svarer. Man beder mig om at ringe igen om et par dage. „Tak, det lyder godt, farvel", tvinger jeg mig selv til at sige, selv om jeg godt er klar over, at det er en pæn, nem måde at slippe af med mig på. „Stillingen er allerede besat", vil der blive svaret, når jeg ringer igen. Ja, sikkert af en ægte dansker.

Forbitret 19-årig

a. Spørg hinanden i små grupper:

- Hvorfor ringede den 19-årige til smørrebrødsforretningen?
- Hvorfor spørger manden, om hun er dansker?
- Hvad siger hun til det?
- Hvad sker der, da hun siger, at hun er grønlænder?
- Tror hun, at hun får stillingen?
- Tror du, at hun får stillingen? Hvorfor/hvorfor ikke?
- Mon hun tidligere ikke har fået en stilling, fordi hun er grønlænder?

b. Den 19-årige er grønlænder i Danmark. Snak med et par andre om, om der kunne ske noget i samme retning i dit land. Snak bagefter om det på hele holdet.
Snak også om, hvilke problemer – også sociale – man kan have som udlænding, når man bor i et andet land.

c. Fortæl om jobsamtaler, du har haft.

7

Se på billedet.

Her er meget arbejde for Jens Madsen. Snak med et par andre på holdet om det:

Han må Han er nødt til at Det er nødvendigt at	reparere … sætte et nyt ben på sofaen. …
Det er nødvendigt, at	han reparerer … …

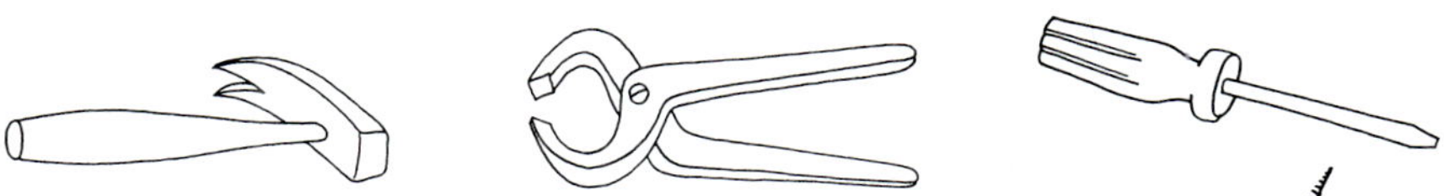

8

Du kender ikke det danske ord for et værktøj eller en anden ting.

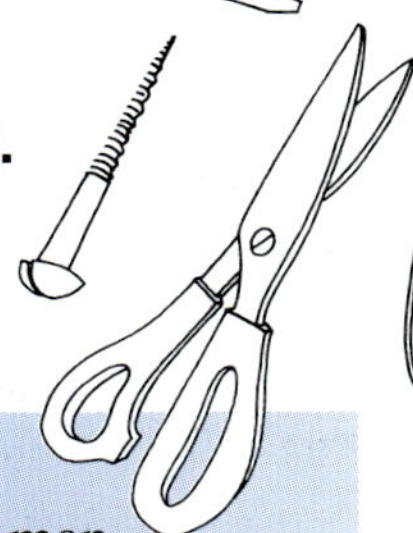

Derfor må du sige, hvordan den ser ud, hvad man bruger den til, osv.

Det her kan måske hjælpe dig:

Min ting	er lavet af kan være af	plastic. metal. træ. …

Man bruger den til at …
Man har brug for den, når man …

Lektion 27

1

a. Hvad skal du lave i weekenden? Hvilke planer har du? Sæt ✗.

Jeg skal …

☐ på posthuset
☐ til bageren
☐ i supermarkedet

☐ drikke en øl sammen med venner
☐ ringe til en veninde
☐ besøge venner

☐ læse dansk
☐ lave mad
☐ gøre rent

☐ se fjernsyn
☐ skrive brev
☐ se en udstilling

☐ ud at ro
☐ ud at fiske
☐ ud at jogge

☐ ud at spise
☐ ud at danse

☐ spille fodbold
☐ spille bordtennis
☐ løbe maraton

☐ i biografen
☐ til koncert
☐ på museum

☐ på diskotek
☐ til håndbold
☐ til fodboldkamp

Jeg skal ud at ro.

Jeg skal i biografen.

Jeg skal gøre rent.

Jeg skal se fjernsyn.

b. Interview en anden på holdet og find 5 ting, I begge to skal i weekenden.

Skal du også på posthuset?

– Nej, det skal jeg ikke.

Skal du løbe maraton på søndag?

– Ja, det skal jeg.

c. Fortæl for hele holdet, hvilke weekendplaner I har. Er der andre, der skal det samme?

2

Ring til en anden på holdet og snak med ham/hende om, hvad I kan lave sammen en af de næste aftener.

Skal vi ikke mødes i morgen aften og se en video sammen?

– Jo, det er en god idé.

Skal vi ikke drikke en øl sammen på lørdag?

– Det har jeg ikke rigtig lyst til. Skal vi ikke hellere …?

Skulle vi ikke besøge mine forældre fredag aften?

– Synes du ikke, vi hellere skulle gå på diskotek?

3 55 Lone ringer til Jane

(▲ = Lone, ● = Jane)

●: Det er Jane.
▲: Hej, Jane!
●: Hej, Lone. Hvor er det godt, du ringer. Jeg har haft sådan en dum dag.
▲: Det er jeg ked af at høre. Men tag det nu roligt og slap af! Hvad er der sket?
●: Jo, nu skal du høre. Jeg blev vækket ved, at Arne ringede fra Boston. Han kan ikke nå at komme hjem til weekenden. Det blev jeg godt sur over.
Så vaskede jeg mit hår, og da jeg ville tørre det, opdagede jeg, at min hårtørrer ikke virkede. Nu sidder mit hår ikke rigtigt, jeg må vist hellere gå til frisør, jeg skal alligevel klippes – men i grunden har jeg ikke rigtig råd. Vi skal betale mere i husleje, vi fik brev om det i formiddags.
Må jeg få lov til at låne din hårtørrer?
▲: Ja, selvfølgelig. Jeg har for resten to, så du kan få den ene.
●: Så opdagede jeg, at det nye program, jeg har installeret på min pc, ikke fungerede.
▲: Vi kan godt kigge på det sammen, hvis du vil.
●: Det ville være dejligt – eller må jeg komme over til dig og låne din pc – der er noget arbejde, jeg skal have fra hånden.
▲: Ja, selvfølgelig, det må du da gerne.
●: Vil du høre resten? – Der er et eller andet i vejen med katten, den vil slet ikke spise noget, selv om den må være sulten.
▲: Ja, det er da mærkeligt, – måske har en eller anden af naboerne givet den noget at spise, og den er mæt.

●: Nej, det tror jeg ikke. Det har nu varet i tre dage, jeg må nok hellere gå til dyrlægen. – Og da jeg ville over i Super-Brugsen for at hente lidt hakket kød til katten, faldt jeg på trappen.
▲: Åh, nej, det er ikke rigtigt! Slog du dig?
●: Nej. Da jeg kom hjem igen, opdagede jeg, at en eller anden havde været i entréen, mens jeg var væk, – der lå en tilbudsavis. Forstår du, jeg havde glemt at låse døren, – men jeg synes ikke, man bare sådan kan gå ind.
▲: Nej, det synes jeg bestemt heller ikke.
●: Så ville jeg sende en pakke til min mor. Hun har fødselsdag på tirsdag, og jeg har købt en cd med nogle sange af Benny Andersen til hende. Da jeg ville pakke den ind, så jeg, at jeg hverken havde gavepapir eller et pænt kort. Og …

▲: Ved du hvad, Jane, du har rigtignok haft en skidt dag! Har du for resten set, at de igen spiller „Pelle Erobreren“? Skal vi ikke gå hen og se den i aften?
Og på lørdag kan vi gå hen på museet og se den nye udstilling med Skagensmalerne. Den skal være pragtfuld.

●: Ja, det er en god idé. Jeg kommer og henter dig om en halv time! Det har virkelig været hyggeligt at snakke med dig – jeg føler, jeg allerede har det bedre. Hvordan er din dag for resten gået?

▲: Åh, – jeg har jo bare været på arbejde hele dagen! Vi ses! Hej!

●: Hej, hej!

4

Snak med et par andre på holdet:

- Hvad fortæller Jane om sin dag?
- Hvad fortæller Lone om sin dag?
- Mon Lone også har haft en dum dag?
- Hvad mener *du* om Janes problemer?
- De to kvinder er meget forskellige. Hvordan?

5

a. Har du hund eller kat?

Eller måske et andet dyr? Fortæl!

b. Find sammen i små grupper.

Hver gruppe laver en hitliste over, hvad der kan ske på en rigtig dum dag. Hvilken gruppe har den længste liste og de værste ting?

Top 10

c. Fortæl om en rigtig dum dag, du har haft.

6

Biografprogrammer

Se på biografprogrammerne.
Hvad vil du gerne se?
Hvornår har du tid?
Ring til en ven/veninde for at høre, om han/hun vil med.

Forklar …
– hvad det er for en film.
– hvor den går og på hvad tid.
– hvem der spiller med.

Aftal tid og sted.

Vil du med i biografen?

– Ja, det vil jeg gerne.

De har fået nyt program.

– Hvad skal vi se?

De spiller …

– Det lyder godt.

Der går …

– Nej, den film gider jeg ikke se.

Filmen handler om …

– Hvad går der ellers?

Jeg glæder mig til …

– Jeg vil hellere se …

Jeg håber ikke, der er udsolgt.

– Jeg gider ikke …

7

I København

Forestil jer, at hele holdet er taget til København en weekend. I har desværre kun en eftermiddag og en aften i byen. Hvad skal I lave?

a. Lav en plan i små grupper.

b. Nu må I blive enige på hele holdet.

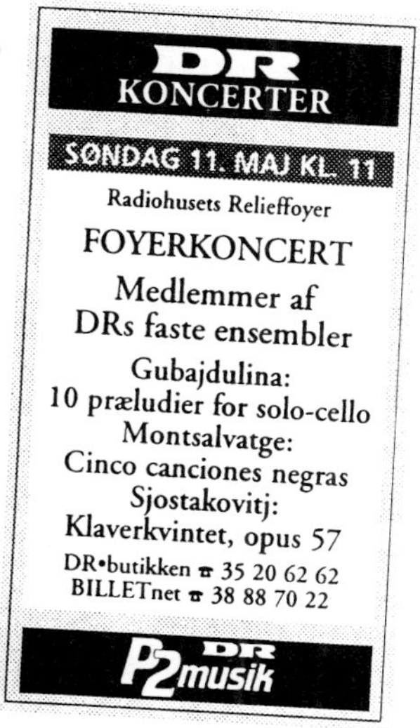

Lektion 28

1

Kroppen

Skriv de her ord ind på tegningen sammen med en anden på holdet.

hånden	næsen	ryggen	ansigtet	foden	benet	munden	tåen
fingeren	halsen	armen	øjet	hovedet	maven	øret	

2

Hvad fejler personerne?

Snak med en anden på holdet om det.

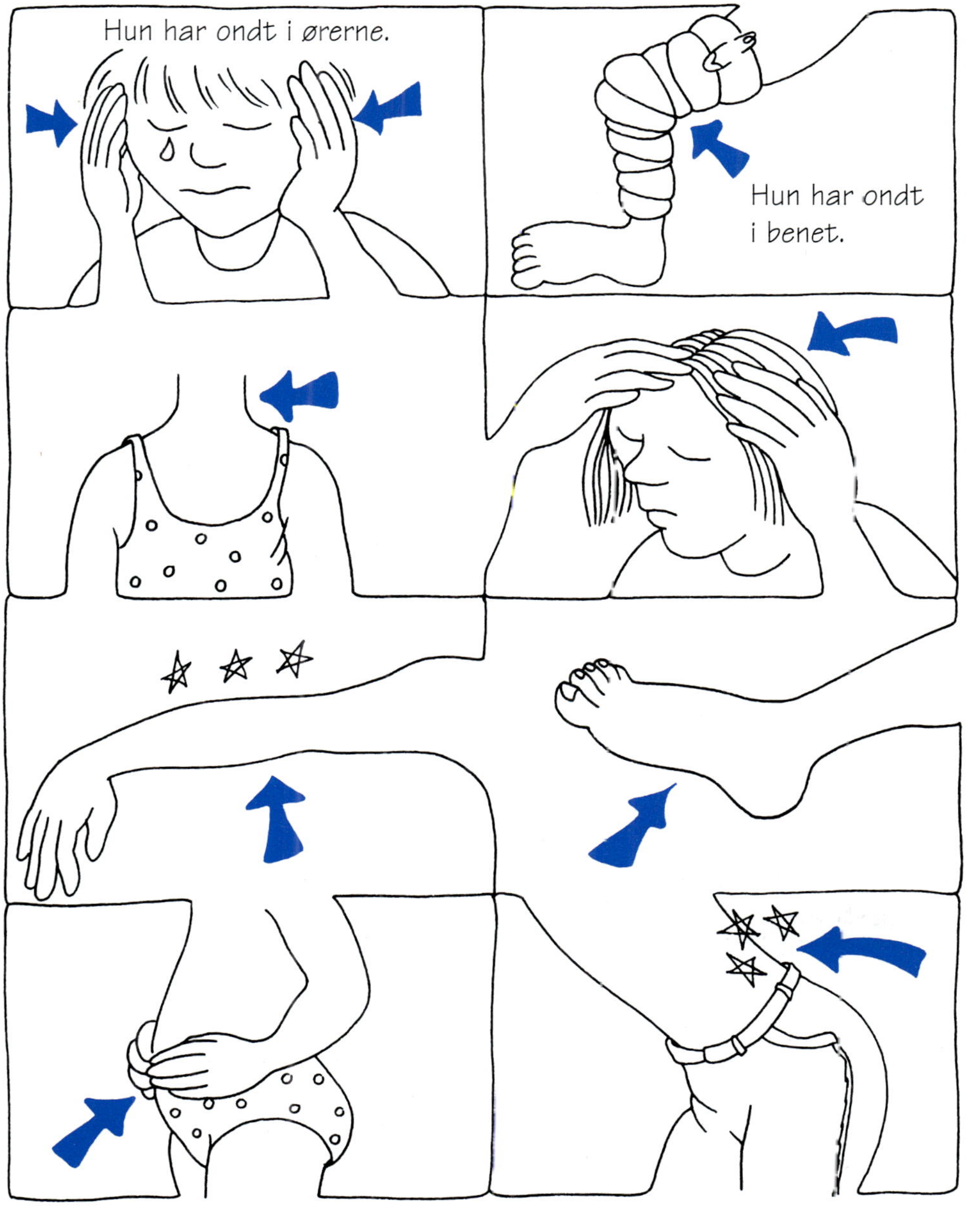

3 56

Erik er syg

Familien Andersen holder ferie i et sommerhus i Sønderjylland.
En tidlig morgen kommer Thomas ind i forældrenes soveværelse og fortæller, at Erik føler sig utilpas. „Åh, bare han ikke er syg," siger Birthe og skynder sig hen til drengenes værelse. Hun sætter sig ved Eriks seng og spørger, hvad han fejler. Erik ligger meget stille. „Jeg føler mig ikke rigtig rask," siger han. „Jeg fryser og har en forfærdelig hovedpine." – „Har du ondt i halsen?" spørger Hans, som nu også er kommet. – „Ja, lidt."

Birthe vil gerne se, om Erik har feber, men de har ikke noget termometer. „Vi kan måske låne et hos naboen," mener Hans, men Birthe siger: „Jeg tror bestemt, at Erik har feber. Vi må hellere være forsigtige og ringe til lægevagten."

Hans (= ●) kører til nærmeste telefonboks for at ringe. Han finder lægevagtens (= ▲) nummer foran i telefonbogen. Han taster 73 62 00 26.

▲: Det er lægevagten.
●: Goddag. Det er Hans Andersen. Min søn er syg.
▲: Hvad fejler han?
●: Han har hovedpine og ondt i halsen. Han har været temmelig forkølet i de sidste dage.
▲: Har han feber?
●: Det ved jeg ikke. Vi er i sommerhus og har ikke noget termometer. – Men han er temmelig varm.
▲: Det er nok influenza, og det er jo ikke så rart her i ferien. Han må hellere få noget medicin, så han hurtigt kan blive rask igen. Nu skriver jeg en recept på børnemagnyl. Din dreng skal tage en tablet 3 gange daglig. Har han det meget dårligt, kan han godt tage 2 piller – men husk, højst 3 gange daglig. Du kan komme her og hente recepten. Din dreng må altså blive i sengen nogle dage. Hvis han ikke får det bedre, må I komme herhen med ham, så vi kan kigge på ham. Ja, jeg ønsker god bedring.
●: Tak for det! Farvel!
▲: Farvel!

Alarm .... Kald 112 Opkald er gratis. Også fra mønttelefon

- **Forlang:** Ambulance - Brand - Politi eller Miljø
- **Fortæl:** Hvad er der sket - Hvor - Hvornår og hvilket nummer ringer du fra.
- **Bliv ved telefonen indtil din besked er forstået!**

Lægevagt

Sønderjyllands Lægevagt **73 62 00 26**

- **Ringer du fra mobiltelefon:**

Husk bynavn, når du fortæller adressen.

Alarmcentralen ved ikke automatisk, hvor du befinder dig.

Ringer du fra din bil, så oplys vejnavn, retning og nærmeste by.

Hold altid telefonen tændt, indtil hjælpen når frem.

4 (57)

På sygebesøg

Bo (= ●) har været syg i flere dage. Hans kollega (= ▲) kommer og besøger ham.

▲ Hvordan har du det?
● Åh, jeg har det ikke så godt!
▲ Hvad fejler du?
● Jeg har det forfærdelig skidt! Jeg har forfærdelig ondt i ryggen.
▲ Åh, det er jeg ked af at høre. Jeg håber, du snart får det bedre og bliver rask igen! Jeg har en bog med til dig, det er den nyeste roman af Peter Høeg.
● Mange tak, Flemming!

5

Spil sådan nogle dialoger sammen med en anden på holdet.

Det her hjælper dig:

6

Hos lægen

Hvad lægen **kan** sige:

Hvad fejler du?
Hvor gør det ondt?
Lad mig se på det.
Hvor længe har du haft det?
Det er vist ikke så slemt.
Det ser ikke så godt ud.
Vi sætter et plaster på.
Vi lægger en forbinding på.
Her har du en recept.
Tag 3 piller daglig.
Du får det nok snart bedre.
Det går nok snart over.

Hvad du **kan** sige:

Jeg har skåret mig i fingeren/i benet/…
Jeg har slået mig på benet/på armen/…
Jeg tror, jeg har brækket min arm/mit ben/…
Jeg har hovedpine/mavepine/tandpine/ørepine/feber/…
Det gør ondt / Jeg har ondt } i maven/i øret/…

Skriv en dialog sammen med en anden på holdet og spil den.

7 58

UNDREN

Sommetider ser jeg op fra avisen
eller bogen og tænker
Hvorfor ser mennesket ud som det gør
hvorfor ser jeg ud som jeg gør
hvorfor ikke fire ben
eller seks
og fire arme
så fik man nået mere
og nu vi er i gang
to hoveder
der fører interessante interne dialoger
ører som en kronhjort
hvorfor ikke gevir
to øjne i nakken
og et på issen
satellitundervågning
hjørnetænderne omdannet
til små elegant svungne stødtænder
selvlysende manke
og vinger
først og fremmest brede stærke vinger
jeg ser mig tydeligt for mig
skriger højt
ryster synet af mig
og læser lettet videre.

Benny Andersen

Lektion 29

1 59

Birthe kører til en benzintank

Birthe (= ▲) til Hans (= ●):

▲ Jeg tager lige bilen hen til benzintanken for at fylde op og få ordnet nogle ting.
● O.k. – kan du så ikke tage en avis med?
▲ Jo, hvis du ikke har nok i vores. Politiken eller Berlingeren?
● Det er lige meget. Og køb lidt slik.
▲ Slik!
● Ja, så kan vi andre rigtig hygge os, mens du er til koncert i aften.
▲ Nå, o.k., så.

Birthe kører hen til benzintanken og fylder op. Så snakker hun med mekanikeren (= ■).

▲ Vil du ikke godt se på motoren, jeg tror, der er noget i vejen. Den vil ikke rigtig starte.

■ Så la' os da lige kigge på den. – Tja, – du ska' vist ha' nogle nye tændrør, vi må hellere sætte et par nye i.

Lidt senere.

■ Ja, så er vognen vist klar igen! Er vand, olie og luft i orden?
▲ Jeg vil gerne ha' skiftet olie. Varer det længe?
■ Vi har meget travlt i øjeblikket, men vognen kan være klar om to timer.
▲ Det er i orden, men jeg er virkelig nødt til at ha' den om to timer, jeg skal til koncert i aften. – For resten synes jeg, den bruger for meget olie. Hvis du har tid, kan du måske også lige kigge på det.
■ Det skal jeg nok.

2

Se på regningen fra et andet værksted.

Brug den til en dialog sammen med en anden på holdet, hvor I er på en benzintank eller et værksted.

3

Et færdselsuheld

I deres sidste ferie på Møn gik familien Müller en aften en tur på hovedgaden i Stege. Der var ikke meget trafik, og der var ikke nogen mennesker på gaden.
Da de kom forbi et værtshus, så de en tyk mand komme ud derfra og gå lige ud på gaden. En bil, som kom i samme øjeblik, kunne ikke standse og kørte manden ned. Han lå meget stille.
„Er han død, mor?“ spurgte Ingrid.
„Vi bliver nødt til at ringe efter en ambulance,“ sagde Rita oprevet.

Herbert løb hen til telefonboksen uden for posthuset. Han var bange for, at han som udlænding havde svært ved at forklare, hvad der var sket. Men foran i telefonbogen så han, at det var meget let at ringe efter ambulancen.

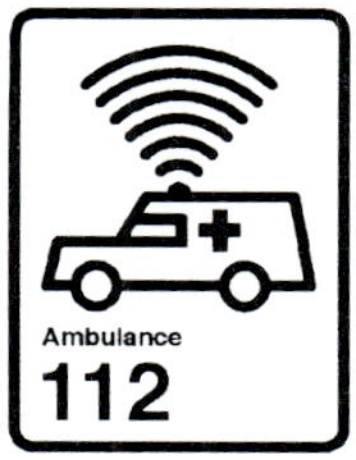

Han tastede 1-1-2 og sagde: „Ambulance! Til hovedgaden i Stege! Der er sket en alvorlig ulykke lige uden for værtshuset i Storegade!“ – „O.k. Vi kommer straks!“ – Der kom efterhånden andre folk til og spurgte, hvad der var sket. Man vidste ikke rigtig, hvordan man skulle hjælpe manden, der stadig lå på gaden. Manden, der havde kørt bilen, var meget oprevet.
Heldigvis varede det kun fem minutter, før ambulancen kom. Manden blev forsigtigt båret ind i ambulancen, som så hurtigt kørte af sted. Politiet var også kommet.
„Det var en slem historie!“ mente Rita.
„Tror du, han er død, mor?“ spurgte Ingrid igen.
„Nej, lad os håbe, at han har været heldig. Nu kommer han på skadestuen.“ Politiet spurgte, hvem der vidste, hvordan ulykken var sket. Herbert sagde, at de havde set det, og en mand med et stort skæg forklarede, at han havde set det hele fra sit vindue. „Kan I komme med hen på politistationen? – Så kan vi skrive en rapport,“ sagde den ene af politibetjentene. De gik derhen sammen.

4

Sæt numre på sammen med en anden og læs det bagefter højt for de andre.

____ Familien Müller gik en tur på hovedgaden.
____ Manden faldt og lå meget stille.
____ Ambulancen kom få minutter senere.
____ Han gik lige ud på gaden.
____ Herbert ringede efter en ambulance.
____ Manden blev kørt til sygehuset.
____ Der var ikke meget trafik.
____ En bil kunne ikke standse og kørte manden ned.
____ Politiet spurgte, hvem der havde set, hvordan ulykken skete.
____ En mand kom ud fra et værtshus.

5

Fortæl for holdet.

– Hvad Rita sagde til politiet:
Vi gik …
Vi så en mand …
Han …
En bil …
Manden …
Herbert …
Ambulancen …

– Hvad manden med det store skæg sagde til politiet: Jeg …

– Hvad manden, der kørte bilen, sagde til politiet: Jeg …

6

a. Prøv sammen med en anden på holdet at finde ud af, hvad teksten drejer sig om – brug en ordbog og spørg læreren.

b. Skriv 10 spørgsmål, som I bagefter stiller en anden gruppe.

Knap 5000 bilister noteret

KØBENHAVN (RB). Selv om politiet havde offentliggjort, at bilisterne kunne risikere at blive standset ved påskens færdselskontrolaktioner, så tog mange bilister alligevel chancen og brød færdselsloven.

Det viser de foreløbige tal fra Rigspolitiets færdselsafdeling, der sammen med en række lokale færdselsbetjente har holdt øje med trafikken i påskens store udrejsedage.

4883 gange måtte betjentene notere bilister for at bryde loven. Langt de fleste kørte for hurtigt, og ifølge opgørelsen foregik hastighedsoverskridelserne hovedsageligt i byerne. 2589 trafikanter lod hånt om trafiksikkerheden i byerne, mens 1186 blev taget for at have for travlt på landevejene. Derudover blev 796 noteret for ikke at bruge sikkerhedssele, mens 60 ikke havde fået eller var blevet fradømt kørekort. Ni bilister havde blandet alkohol og bilkørsel, mens 97 ikke havde tændt deres kørelys.

7

Skilte på gaden

Hvad betyder de der skilte, far?

Man må ikke køre på knallert her.

Man må ikke ride her.

Og man må ikke parkere sin bil her.

Hvad betyder de her skilte?

„Man skal køre i højre side af gaden.“

„Man må ikke ligge i telt her.“

Hvad betyder:

Lektion 30

1

Et brev fra Rita til Birthe

Kære Birthe!

Vi er meget kede af det, men vi kan desværre ikke komme næste weekend. Både Herbert og Ute har influenza, og vi andre er forkølede. Jeg håber, at vi kan ses en anden gang, vi tænkte på enten den 17. – 19. eller den 24. – 26. april.

Har I for resten hørt, at min bror er begyndt at læse dansk på universitetet i Hamborg?

Jeg hørte i radioen, at I skal have valg i næste uge. Det bliver spændende at se, hvem der bliver valgt. Måske får I en ny regering. Vi har også snart valg her i landet. Det er godt at vide, at alle de politiske partier har taget miljøproblemer som f.eks. forurening op. I et industriland som Tyskland er det meget nødvendigt. Men forurening er jo et problem, man har i hele verden, så måske er det kun muligt at løse det på internationalt niveau.

Du kan for resten hjælpe mig med noget. I et dansk ugeblad så jeg et læserbrev om en familiehøjskole. Jeg ved ikke rigtig, hvad det er. Jeg sender læserbrevet med, så kan du måske forklare det.

Kærlig hilsen til jer allesammen!
Jeg håber, vi ses i april!

Rita

2

Spørg en anden på holdet:

- Hvorfor kan familien Müller ikke besøge familien Andersen?
- Hvornår vil de nu komme?
- Hvad laver Ritas bror?
- Hvad sker der i Danmark i næste uge?
- Hvad har de politiske partier taget op?
- Hvad mener Rita om det?
- Hvad kan Birthe hjælpe Rita med?

3

Snak på holdet:

- Kender I nogle politiske partier i Danmark?
- Hvornår skal der næste gang være valg i jeres land?
- Hvilke problemer tager de forskellige politiske partier op i jeres land?
- Hvilke problemer skulle de tage op?
- Find eksempler på forurening både i Danmark og i jeres land.

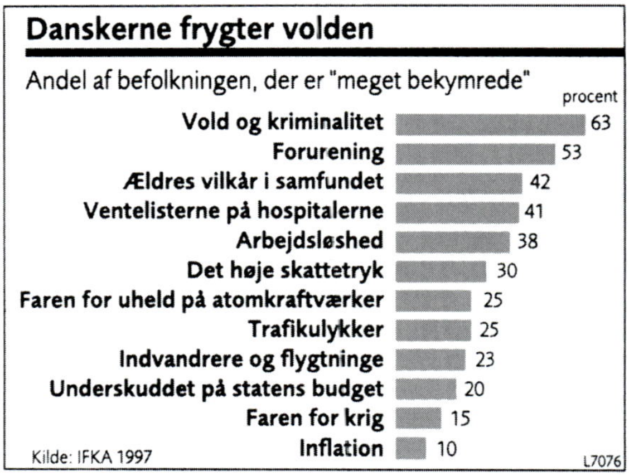

4

Læserbrevet, som Rita sender til Birthe

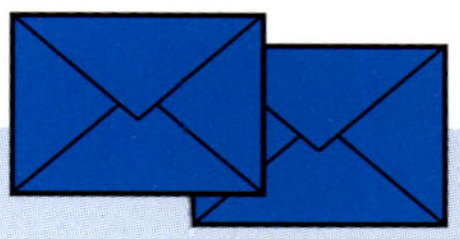

Ny inspiration

I efteråret 97 læste jeg en artikel i ALT for damerne om en familiehøjskole. Artiklen var så inspirerende, at min søn på 14 år og jeg besluttede at gøre forsøget i sommeren 98. Vi valgte ud fra Folkehøjskolernes program en uges ophold på Uldum Højskole, og det kom vi bestemt ikke til at fortryde. Der skete noget fra 8 morgen til 22 aften. Vi var ca. 50 børn og 50 voksne. Børnene havde det meget fint, fordi der var arrangeret så mange spændende ting for dem. Også for os voksne var det en god uge, hvor veloplagte lærere holdt os i ånde med mange interessante foredrag, diskussioner, med sang og folkedans. Det er oven i købet en billig ferieform, 3.250 kr. for os to i en uge. Vi skal på familiehøjskole igen til sommer og denne gang i 14 dage! H.S.

5

Kære Rita!

Tak for dit brev. Du er vel nok god til at tale og skrive dansk nu,
Rita! Vi blev meget skuffede over, at I ikke kunne komme, og håber, at
I har det bedre nu. Det ville passe udmærket, hvis I kunne komme
fra 17. – 19. april. I maj måned er der flere konfirmationer, så der
kan vi ikke.

Det er lidt svært at forklare, hvad danske folkehøjskoler er, fordi der
ikke er to, der er ens. Der er ca. 100 højskoler i Danmark med kur-
ser, der kan vare fra 1 uge og helt op til 40 uger. Man bor og spiser
på skolen og skal være over 17½ år. På de fleste skoler har man
højskolefag som dansk, litteratur og historie, men der er også fag som
miljø, energi, økonomi osv. Du kan f.eks. lære om forskellige former
for demokrati eller om, hvorfor levestandarden er så høj i de indu-
strialiserede lande, mens ulandene bliver mere og mere fattige.

Jeg tror, det er bedst, at jeg sender dig nogle annoncer fra højskoler,
så kan du selv se deres programmer. Det er også vigtigt at vide, at
højskolerne er frie skoler, og at der ikke er nogen eksamen.

Indtil nu har hverken Hans eller jeg været på højskole. Jeg kunne
godt tænke mig at komme på en familiehøjskole som den i læserbrevet.
Her kan man tage hen på korte sommerkurser med hele familien.

Hav det nu godt, til vi ses! Hvis vi ikke hører fra jer, regner vi med,
at I kommer. Vi glæder os til at se jer!

Kærlig hilsen

Birthe

6

a. Se på Birthes brev en gang til og skriv 10 rigtige og forkerte sætninger om indholdet sammen med en anden på holdet.

b. En anden gruppe siger, om det er rigtigt eller forkert.

7

Her er nogle idéer til et ophold i Danmark.

- Find sammen i grupper på 3 – 4 personer.
- Se på annoncerne.
- Måske forstår du ikke alt. Snak med de andre om, hvad det kan betyde. Tag en ordbog, hvis I ikke kan finde ud af det.
- Hvilken højskole kunne du tænke dig at komme på? Forklar de andre hvorfor.

Sommerkurser

Højskolen Strand udbyder en række sommerkurser på et fagligt højt niveau.

OPERAKURSUS
Operaer i Kiel og Hamborg, foredrag m.m. 23.-29. juni

KUNST, ARKITEKTUR OG DESIGN
Værkstedsuge: foto, smykker, arkitektur, lyrik. 1.-7. juli

MIDT I LIVET
40-60 årige, foredrag, debat, ekskursioner. 8-14. juli

NATURVANDRING
Vandringer på Als og Sundeved med turleder. 15-21. juli

GLÆDE, LEG OG LIVSFORSTÅELSE
Psykologi og filosofi – teori og øvelser. 22. juli-4. august

VIN, MAD, KUNST OG KULTUR
Et rejse- og malekursus til Sydfrankrig. 15.-27. september

WIEN - DRØMMENES BY
En kulturrejse - kunst, vin, musik m.m. 21.-5. oktober

Ring og få yderligere information

HØJSKOLEN
Strand
6400 SØNDERBORG, TLF. 74 42 21 60

En uge på højskole

Sommerkurser på Maribo Højskole

Drømmen om en sommerdag......
Natur, kultur - og poesi på Lolland.
7. - 13. juli.

Fremstilling af håndgjort papir
Papir som kunstnerisk medie.
21. - 27. juli.

I Guldalderens fodspor
Grundtvig, grever og gyldne dage.
4. - 10. august.

Livssyn - naturhelbredelse og personlig udvikling
Få sanserne skærpet, oplev dig selv påny.
11. - 17. august.

Ring efter brochure

53 88 44 00

Maribo Højskole
Kirkevej 13 - Hunseby
4930 Maribo

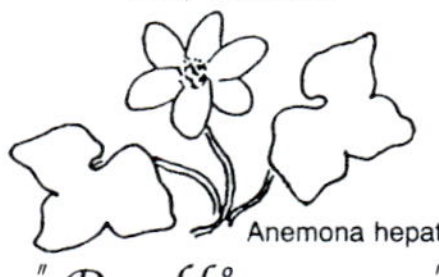

Anemona hepatica

" Den blå anemone"

SOMMER KURSER

28. juni - 11. juli:
Oliver Twist - musical
13. juli - 20. juli:
Rytmisk Sommer
13. juli - 24. juli:
Shakespeare, nutidens dramatiker
én uge på højskole -
én uge i England

Ring eller skriv efter brochure

Den Sønderjyske Højskole for musik og teater
Herrestedgade 6-8
DK-6520 Toftlund • Tlf: 74 83 01 04

8

a. Nu er I færdige med bogen og sikkert helt gode til at snakke dansk.

Nu skal der være fest! På jeres hold snakker I om, at I vil have en dejlig dag sammen i weekenden. Måske næste lørdag?

Skal vi ikke …

Vi kan …

Vi kunne …

Hva' med …?

en cykeltur – en tur til Danmark – en skovtur – …

b. Når I er enige, finder I sammen i små grupper på 3-4 personer og laver planer om, hvordan dagen skal gå.

Begynd altid med f.eks.:

Klokken 10 … – Først … – Så … – Bagefter … – Klokken 12 … – osv.

Hvilken gruppe har en plan, I allesammen kan blive enige om?

På gensyn i Danmark!

Lektion 10,5 (s. 62)

Her er faxen fra Martin Eriksen. Læs den og giv de oplysninger, den anden beder om.

Den 2. marts 1998

Martin Eriksen
Søparken 10
DK-2740 Skovlunde
Tlf. 44 94 00 16
Fax 44 94 08 18

Kære fru Müller!

Tak for Deres fax. Huset er ledigt fra den 19.7. til den 9.8. 1998.

- Der er kun 100 m til stranden og ca. 1 km til et lille supermarked.
- Jeg sender en plan, så De kan se, hvor huset ligger.
- Jeg sender også et billede af huset, en plan over værelserne og leje-kontrakten.

Vil De være så venlig at sende den tilbage inden den 15. marts, hvis De vil leje huset.

Med venlig hilsen

M. Eriksen

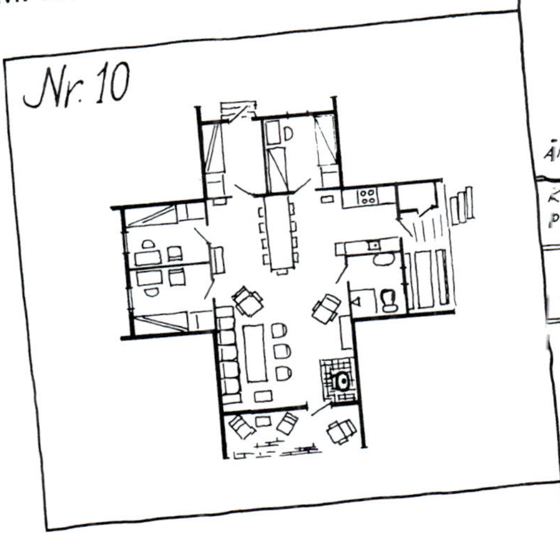

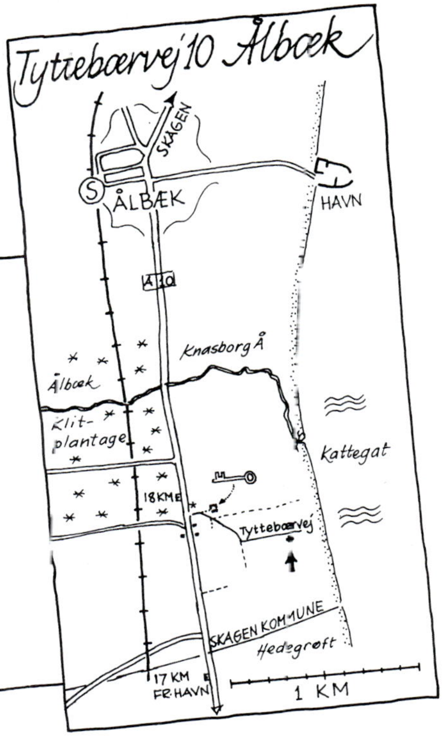

Lektion 12,6 (s. 73)

Hos grønthandleren

Hvad koster pærerne?

– De koster … per kilo.

Se på frugten og grøntsagerne og spørg en anden på holdet, hvad det koster.

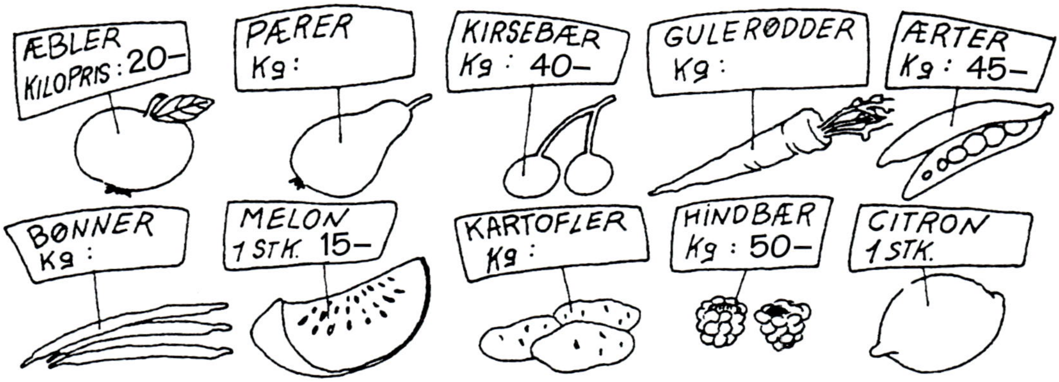

Lektion 14,3 (s. 85)

Du går i byen og kigger på tøj i butiksvinduerne.

Du kan ikke rigtig se nogle af priserne. Spørg en anden på holdet, hvad tøjet koster.

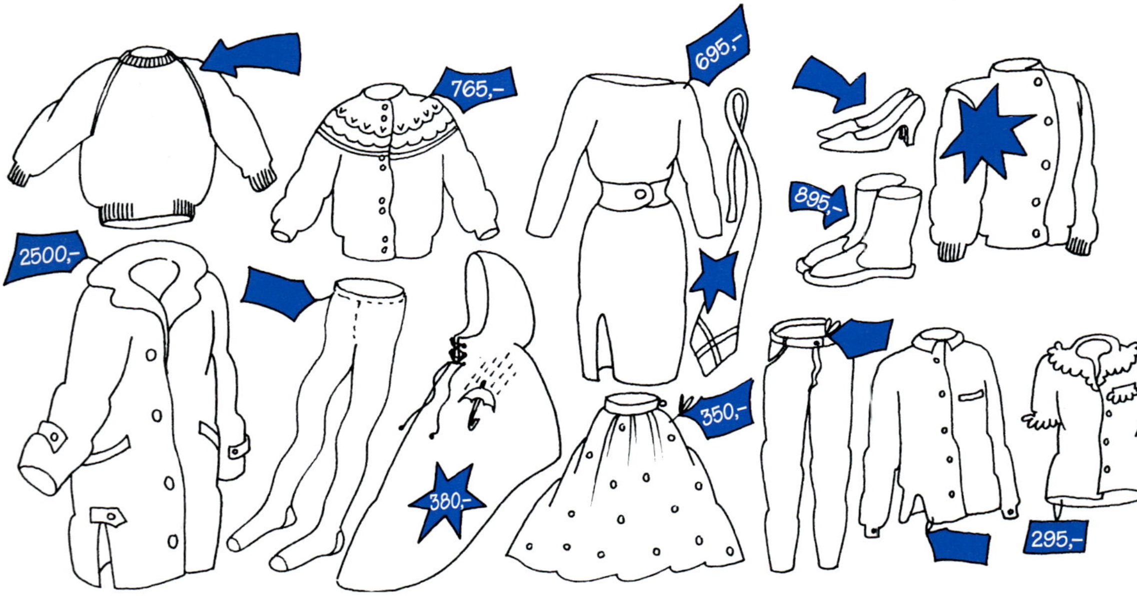

Lektion 18,5 (s. 111)

Se på tegningen.

Kan du f.eks. se en vase eller et lys? Nej, vel!

Hvor er vasen? billedet? lyset? skrive-maskinen? tæppet?

– Den – Det	ligger … står … hænger …

Lektion 20,7 (s. 123)

a. Se på billedet af en lille dansk by omkring 1980.

Her er den samme by som på s. 123, men billedet er fra omkring 1980. Svar på spørgsmålene.

Er der stadigvæk en kirke?

Er der en købmand?

Er der …?

– Ja, det er der.

– Nej, det er der ikke.

– Nej, …

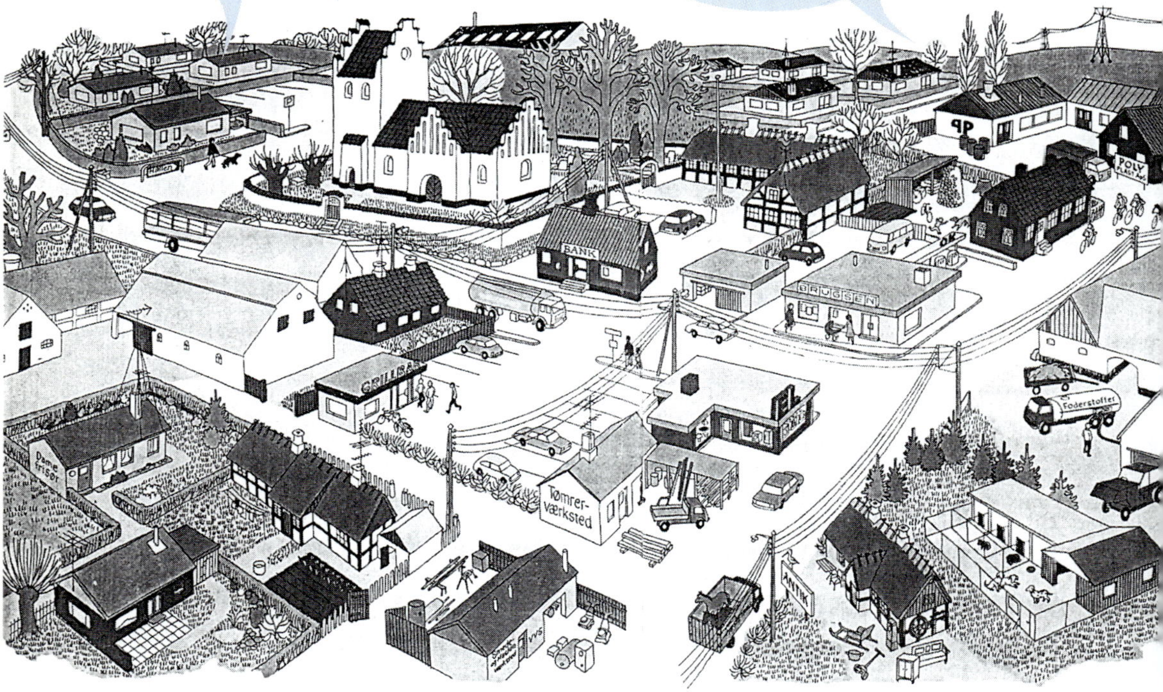

b. Se bagefter sammen på begge billederne og snak om, hvad der ellers har forandret sig.

Før var der en skole midt i byen.

I 1980 er den væk. Nu …

C 1 København ○—— Høje Taastrup ○—— Næstved ○—— Nykøbing F ○—— Rødby F ○—— Puttgarden ○—— Lübeck ○—— ○ Hamburg / ○ Kiel

	Rc 4223	EC 189 ◆ R	Rc 2231	EC 187 ◆ R	Rc 2241	EC 185 ◆ R	Rc 2253	EC 183 ◆ R	Rc 2261	EC 181 ◆ R
Søve- og liggevogne Siddevogne Service	[1 2]	[1 2] 🍷	[1 2]	[1 2] 🚲 🍷	[1 2]	[1 2] 🍷	[1 2]	[1 2] a 🚲 🍷	[1 2]	[1 2] 🍷
København *H*		**7.30**		**9.20**		**12.30**		**15.20**		**17.30**
Holbæk		*e 6.34*		*d 8.38*		*11.20*		*14.20*		*16.20*
Roskilde		*e 7.12*		*d 9.12*		*11.52*		*14.52*		*16.52*
Høje Taastrup ○		*e 7.21*		*d 9.22*		*12.00*		*15.00*		*17.03*
Høje Taastrup		**7.43**		**9.34**		**12.43**		**15.34**		**17.43**
Roskilde	7.06	|	9.06	|	12.06	|	15.06	|	17.06	|
Slagelse	⚒ *7.01 c*		*9.03*		*12.03*		*15.03*		*17.03*	
Ringsted ○	⚒ *7.20 c*		*9.23*		*12.23*		*15.23*		*17.23*	
Ringsted	7.27	|	9.27	|	12.27	|	15.27	|	17.27	|
Næstved ○	7.45	**8.19**	9.46	**10.11**	12.46	**13.19**	15.46	**16.11**	17.40	**18.19**
Næstved	7.47	**8.20**	9.47	**10.12**	⚒12.47	**13.20**	15.47	**16.12**	17.47	**18.20**
Vordingborg	8.16	|	10.07	|	⚒13.07	|	16.07	|	18.07	|
Nykøbing *F* ○	8.45	**9.01**	10.42	**10.56**	⚒13.36	**14.01**	16.36	**16.56**	18.36	**19.01**
Nykøbing *F*		**9.02**		**10.57**		**14.02**		**16.57**		**19.02**
Rødby *F* ○		***b* 9.25**		**11.20**		***b* 14.25**		**17.20**		***b* 19.25**
Rødby *F* } 🚢 🍴		**9.25**		**11.30**		**14.25**		**17.30**		**19.25**
Puttgarden } ○		**10.35**		**12.35**		**15.35**		**18.35**		**20.35**
Oldenburg		**11.11**		**13.13**		**16.07**		**19.13**		**21.06**
Lübeck *Hbf*		**11.43**		**13.46**		**16.40**		**19.46**		**21.37**
Lübeck *Hbf*		*12.01*		*14.01*		*17.01*		*20.01*		*22.01*
Kiel *Hbf* ○		*13.13*		*15.13*		*18.13*		*21.13*		*23.13*
Hamburg *Hbf* ○		**12.23**		**14.26**		**17.22**		**20.26**		**22.15**

R pladsreservering anbefales

◆ EC 181 Christian Morgenstern (IC3)
◆ EC 183 Thomas Mann
◆ EC 185 Bertel Thorvaldsen (IC3)
◆ EC 187 Karen Blixen
◆ EC 189 Hamlet (IC3)

a [1 2] til Berlin
b ingen omstigning fra tog til færge over landgangstrappen
c ⑥ samt 24 og 31 dec Slagelse af 6.42, Ringsted an 7.00
d ✝ Holbæk af 8.20, Roskilde af 8.52, Høje Taastrup an 9.05
e ⚒ undtagen ⑥, ikke 24 og 31 dec

(fortsættes)

Lektion 24,5
(s. 143)

Lektion 28,8 (s. 144)

EN GÅTUR

Læs højt.

Du ser en kirke, der ligger oppe på en bakke. Du går op ad bakken og rundt om kirken. Så går du ind i kirken og op i tårnet. Fra tårnet har du en fin udsigt. Hvad ser du? Du går ned igen og ud af kirken. Du går over til et træ og sætter dig under det og spiser et æble. Bagefter går du tilbage til kirken og hen til et lille telt, der ligger på den anden side af kirken. Du går rundt om teltet og siger „hej", men der er ikke nogen hjemme. Ovre på den anden side af en kornmark kan du se en å med en bro over. Du går ikke tværs over marken, men rundt om den og hen til broen. Henne ved broen ser du, at den ikke er særlig stabil, men du går alligevel over. Du ser et træ med et træhus. Du klatrer op i det og nyder udsigten. Her oppefra kan du se, at åen fører ud til havet. Du klatrer ned igen og bliver hilst velkommen af en kat. Den ligger ved siden af en stor sten og springer op på den, da du kommer nærmere hen til den. Du følger nu åen og kommer til en bred strand. Efter at have ligget lidt på stranden, går du i vandet og svømmer. Bagefter er du træt og går hjem. Hjemme drikker du en kop te og slapper af.

Wörterverzeichnis nach Lektionen

Lektion 1

1

fortæl om dig selv	erzählen Sie von sich selbst
hej	informelle Begrüßungsform, etwa: hallo
jeg hedder	ich heiße
jeg	ich
hedde	heißen

2

spørg andre på holdet	fragen Sie andere in der Gruppe
hvad	was
du	du

3

mit navn er ...	mein Name ist ...
mit	mein
navn, -et, -e	Name
er	ist

4

dav	informelle Begrüßungsform, etwa: hallo
godmorgen	guten Morgen
god	gut
morgen, -en, -er	Morgen
goddag	guten Tag
dag, -en, -e	Tag
godaften	guten Abend
aften, -en, -er	Abend

5

og	und
jeg kommer fra ...	ich komme aus/von
komme	kommen
fra	aus/von
også	auch
nej	nein
ikke	nicht
heller ikke	auch nicht

6

se på billedet	sehen Sie sich das Bild an
hvor ... (fra)	wo ... (her)
hun	sie
han	er
jeg er (fra) ...	ich bin (aus/von) ...
København	Kopenhagen
Danmark	Dänemark
Tyskland	Deutschland
Østrig	Österreich

7

lyt og øv udtalen	hören Sie zu und üben Sie die Aussprache
spørg en anden på holdet	fragen Sie einen anderen in der Gruppe
en anden	einen anderen

8

fortæl, hvad en anden på holdet hedder	erzählen Sie, wie ein anderer der Gruppe heißt
det er	das ist ...

9

på	auf
en	ein
campingplads	Campingplatz
plads, -en ,-er	Platz
vel nok	verstärkender Ausdruck, hier: aber
du er god til at tale ...	du sprichst gut ...
tale	sprechen
dansk	dänisch
tak	danke
hvor i Danmark kommer du fra?	wo in D. kommst du her?
der (dér)	da, dort

11

i	in
hotelreception, -en, -er	Hotelrezeption
øh	Ausdruck für Unsicherheit

undskyld	Verzeihung
De	Sie (Anrede)
øv dialogen sammen med en anden på holdet	üben Sie diesen Dialog zusammen mit einem anderen der Gruppe
i virkeligheden	in Wirklichkeit

12

farvel	auf Wiedersehen
tak for i aften!	„danke für heute Abend“ (Redewendung)
i aften	heute Abend
selv tak!	„selbst danke“ (Erwiderung auf „tak for ...“)

Lektion 2

1

et	ein
supermarked, -et, -er	Supermarkt
hvordan går det?	wie geht es
hvordan	wie
gå	gehen
det går meget godt	es geht recht gut
hvordan går det med dig	wie geht es dir? (wie geht es mit dir?)
med	mit
dig	dir, dich
fin(t)	fein, ausgezeichnet

2

ringe til	anrufen
lyt først	hören Sie zuerst zu
hallo	hallo
det er ...(Anne/mig)	es ist ...(melden am Telefon)
åh	ach
særlig	besonders
jeg har	ich habe
have	haben
influenza, -en	Grippe
skriv nu dialogen færdig	schreiben Sie nun den Dialog zu Ende
færdig	fertig
indsæt	setzen Sie ein
uha!	Ausruf

3

ikke så godt	nicht so gut
så	so

4

på et hotel	in einem Hotel
i baren	in der Bar
hotel, -let, -ler	Hotel
bar, -en, -er	Bar
hr./herre, -n, -r	Herr
fornavn, -et, -e	Vorname
efternavn, -et, -e	Nachname
nåh	Ausruf, hier: ach so

5

fru, -en, -er	Frau
til fornavn/efternavn	mit Vornamen/ Nachnamen

6

tal, -let, -0	Zahl

7

her	hier
telefonnumre	Telefonnummern
telefon, -en, -er	Telefon
nummer/nr., -et, numre	Nummer
hjælp en anden på holdet med at taste	helfen Sie einen anderen der Gruppe beim Eingeben
hjælpe	helfen
f.eks. (for eksempel)	zum Beispiel

8

bankospil	Zahlenlotterie, Bingo
fra ... til	von ... bis
se i øvebogen	sehen Sie ins Arbeitsbuch
spil, -let, -0	Spiel

9

plus	plus
minus	minus

10

gade, -n, -r	Straße
vej, -en, -e	Weg
lyt og sæt X ved de navne, du hører	hören Sie zu und setzen Sie ein X vor die Namen, die Sie hören
høre	hören
bo	wohnen

11

by, -en, -er	Stadt
landsby , -en, -er	Dorf
hus, -et, -e	Haus
i byen	in der Stadt
på landet	auf dem Lande
land, -et, -e	Land
lejlighed, -en, -er	Wohnung
gård, -en, -e	Hof
værelse, -t, -r	Zimmer
gøre	tun, machen
det gør jeg	das mach' ich
ja	ja

12

p-plads, -en, -er	Parkplatz
se	sehen
kende	kennen
den gade	(demonstrativ) die Straße
stor	groß
ø, -en, -er	Insel
nå	Ausruf, hier: na ja
men	aber
jeg må videre	ich muss weiter
jeg har travlt	ich habe es eilig, ich habe viel zu tun
travl	geschäftig

13

receptionschef, -en, -er	Rezeptionschef
chef, -en, -er	Chef
sige	sagen
gæst, -en, -er	Gast
tak skal du/De ha'!	etwa: recht vielen Dank!
må jeg be' om Deres navn?	darf ich um Ihren Namen bitten
må jeg be' om ...	darf ich um ... bitten
bede (be')	bitten
Deres	Ihre/Ihren
værsgo!	bitte sehr!
nøgle, -n, -r	Schlüssel
lyt til dialogen og check	hören Sie sich den Dialog an und überprüfen Sie

Lektion 3

1

osv. (og så videre)	usw.

2

du vil (skrive)	Sie möchten (schreiben)
telefontavle, -n, -r	Telefontafel
notér	notieren Sie
notere	notieren

3

turistinformation, -en, -er	Fremdenverkehrsbüro (-amt)
hvad med dig	wie ist es mit dir

4

start på en ny runde	beginnen Sie eine neue Runde

5

øv sammen med en anden på holdet	üben Sie zusammen mit ...
hvor gammel	wie alt
gammel	alt
år, -et, -0	Jahr
din	dein
mand, -en, mænd	Mann, Ehemann
kone, -n, -r	Ehefrau
ven, -nen, -ner	Freund
veninde, -n, -r	Freundin
kæreste, -n, -r	Freund/Freundin (in einer Beziehung)

6

brev, -et, -e	Brief
familie, -n, -r	Familie
kære	liebe/lieber
vi	wir
på fire	von vier (Personen)
min	mein
vores to sønner	unsere beiden Söhne
lille	klein
at	dass
håbe	hoffen
I	Ihr
skrive	schreiben
fortælle (om)	erzählen (über/von)
noget	etwas
om jer selv	über euch selbst
jer	euch
med venlig hilsen	mit freundlichem Gruß
venlig	freundlich
hilsen, -en, -er	Gruß

7

stue, -n, -r	Stube, Wohnzimmer
soveværelse, -t, -r	Schlafzimmer
køkken, -et, -er	Küche
badeværelse, -t, -r	Badezimmer
toilet, -tet, -ter	Toilette
entré, -en, -er	Flur
børneværelse, -t, -r	Kinderzimmer
væg, -gen, -ge	Wand
gulv, -et, -e	Fußboden
vindue, -t, -r	Fenster
dør, -en, -e	Tür
trappe, -n, -r	Treppe

8

terrasse, -n, -r	Terrasse
altan, -en, -er	Balkon
garage, -n, -r	Garage
kælder, -en, kældre	Keller
have, -n, -r	Garten
det har jeg	das habe ich
hvor stor	wie groß
dit	dein
(den er) på 80 m^2	80 m^2 groß
den/det	es
m^2	Quadratmeter
huske	sich merken, behalten, nicht vergessen

9

annonce, -n, -r	Annonce

10

har lejet	haben gemietet
leje	mieten
sommerhus, -et, -e	Sommer-, Ferienhaus
hos Dem	bei Ihnen
hos	bei
Dem	Ihnen
velkommen!	willkommen
det er nok bedst	es ist wohl am besten
bedst	am besten
køre	fahren
ud	hinaus, heraus, aus
til	zu, bis
til børnene	für die Kinder
nu	nun
(alt er) i orden	(alles ist) in Ordnung
alt	alles
god ferie!	gute Ferien, entspricht: ich wünsche einen angenehmen Urlaub
ferie, -n, -r	Ferien, Urlaub

11

spil situationen	spielen Sie die Situation
spille	spielen

Lektion 4

1

årstal, -let, -0	Jahreszahl

3

bilpriser	Autopreise
bil, -en, -er	Auto
pris, -en, -er	Preis
avis, -en, -er	Zeitung

snak med en anden på holdet om ...	sprechen Sie mit ...
snakke	sprechen
hvor mange km den har kørt	wie viele km es gefahren hat
hvor mange	wie viele
mange	viele
km, kilometer, -en -metre	km, Kilometer
koste	kosten
der er	da sind, es gibt
kr./krone, -n, -r	Krone (dän. Währung)
prøv at sælge din egen bil	versuchen Sie, Ihr eigenes Auto zu verkaufen
sælge	verkaufen

4

møbel, møblet, møbler	Möbel
ting, -en, -0	Ding
tæppe, -t, -r	Teppich, auch: Decke
skrivebord, -et, -e	Schreibtisch
stol, -en, -e	Stuhl
sofa, -en, -er	Sofa, Couch
lampe, -n, -r	Lampe
bord, -et, -e	Tisch
sofabord, -et, -e	Couchtisch
fjernsyn, -et, -0	Fernseher
billede, -t, -r	Bild
radio, -en, -er	Radio
reol, -en, -er	Regal
seng, -en, -e	Bett
skab, -et, -e	Schrank
få	bekommen
ny	neu
købe	kaufen

5

interviewe	interviewen
det her hjælper dig	dies hilft Ihnen
maleri, -et, -er	Gemälde
jeg tror	ich glaube
tro	glauben
snakke om	sprechen über/von
kun	nur

6

katalog, -et, -er	Katalog
hvilken stol kan I bedst lide?	welchen Stuhl mögt Ihr am liebsten
jeg kan bedst li'	ich mag am liebsten
kan	können
gruppe, -n, -r	Gruppe
hvilken	welcher
lide (li')	leiden
god, bedre, bedst	gut, besser, am besten
slet ikke	gar nicht
ikke nogen af dem	keinen von ihnen
ikke nogen	keiner, niemand
nogen	jemand
af	von
dem	ihnen

7

på indkøb	beim Einkauf
forretning, -en, -er	Geschäft
salgsassistent, -en, -er	VerkäuferIn
kan jeg hjælpe jer?	kann ich behilflich sein?
vi vil gerne se på ...	wir möchten gern ... ansehen
vil	möchten, wollen
gerne	gern
se på	ansehen
spisebord, -et, -e	Esstisch
nogle	einige
for (dyrt)	zu (teuer)
dyr	teuer
der (Rel.pronom)	der, die, das, hier: welches
billig	billig
hvad synes du?	was meinst/findest du?
jeg synes	ich finde
ska' vi ikke ta' det?	wollen wir das nicht nehmen
skal (ska')	wollen
tage (ta')	nehmen
dejlig	schön, herrlich
betale	bezahlen
dankort, -et, -0	dän. Kreditkarte
kort, -et, -0	Karte

det kan du godt	das kannst du gut, etwa: gern
henne	hinten
ved	an, bei
kasse, -n, -r	Kasse

8

den her	dieser, diese, dies(es)
det her	
de her	
de	sie, die
dem ta'r jeg	die nehme ich

10

rundstykke, -t, -r	Brötchen
det bli'r	das macht/ergibt
øl, -let, -0	Bier (die Flüssigkeit)
en øl, øller	ein Bier
lav dialoger	machen Sie Dialoge
en halv/et halvt	ein halber/ein halbes
halvanden	anderthalb

Lektion 5

1

familie, -n, -r	Familie, Verwandtschaft
forældre	Eltern
mor, -en, mødre	Mutter
far, -en, fædre	Vater
barn, -et, børn	Kind
datter, -en, døtre	Tochter
søn, -nen, -ner	Sohn
søskende	Geschwister
søster, -en, søstre	Schwester
bror, -en, brødre	Bruder
bedsteforældre	Großeltern
barnebarn, -et, børnebørn	Enkel
i familie med	verwandt mit
hinanden	einander
sætning, -en, -er	Satz

2

gamle	alt (Pluralform)
person, -en, -er	Person
spørgsmål, -et, -0	Frage
minut, -tet, -ter	Minute
hendes	ihr
hans	sein

3

gift	verheiratet
ugift	unverheiratet
forlovet	verlobt
separeret	getrennt
skilt	geschieden
enke, -n, -r	Witwe
enkemand, -en, -mænd	Witwer
sammen	zusammen
pige, -n, -r	Mädchen
dreng, -en, -e	Junge

4

november, en	November
for	für
jeres	euer
hvordan har I det?	wie geht es euch?
desværre	leider
tid, -en, -er	Zeit
at	zu (Zusatz zum Infinitiv)
i dag	heute
købe ind	einkaufen
familiefest, -en, -er	Familienfeier
fest, -en, -er	Fest, Feier
blive	werden
så	deshalb, darum
meget (travlt)	sehr (beschäftigt)
menneske, -t, -r	Mensch
hele familien	die ganze Familie
hel	ganz, gesamt
alle naboerne	alle Nachbarn
alle	alle
nabo, -en, -er	Nachbar
bekendt, en, -e	Bekannter
voksen, en, voksne	Erwachsener
farfar, -en, -fædre	Großvater väterlicherseits
glæde sig (til)	sich freuen (auf)
sig	sich
sine børnebørn	seine Enkel

sine	seine
arbejde, -t, -r	Arbeit
før	vor, vorher
meget, mere, mest	viel, mehr, am meisten
jeg skal til frisør	ich will zum Friseur
skal	wollen/müssen
frisør, -en, -er	Friseur
rigtig(t)	richtig
eller	oder
forkert	falsch
der kommer	es kommt/kommen
kvinde, -n, -r	Frau

5

foto, -et, -s	Foto
hvem	wer
mine	meine
dine	deine

6

hjertelig til lykke med fødselsdagen	herzlichen Glückwunsch zum Geburtstag
hjertelig	herzlich
fødselsdag, -en, -e	Geburtstag
De vil huske længe	an den Sie sich lange erinnern werden
længe	lange

7

godnat	gute Nacht
nat, -ten, nætter	Nacht
kom godt hjem!	komm gut nach Hause
hjem	nach Hause
tak i lige måde!	danke gleichfalls!

Lektion 6

1

klasseværelse, -t, -r	Klassenzimmer
på (dansk)	auf/in (dänisch)
tændstik, -ken, -ker	Zünd-, Streichholz
tysk	deutsch
betyde	bedeuten
gentage	wiederholen
det forstod jeg ikke	das habe ich nicht verstanden
forstå	verstehen
vil du ikke godt (tale lidt langsommere)?	würdest du bitte (etwas langsamer sprechen)
langsom	langsam
lidt	etwas
hvabehar?	wie bitte?
jo	ja doch
det skal jeg nok	das werde ich tun
kuglepen, -nen, -ne	Kugelschreiber
frimærke, -t, -r	Briefmarke
det ved jeg ikke	das weiß ich nicht
vide	wissen
taske, -n, -r	Tasche
bog, -en, bøger	Buch
briller	Brille
cigaret, -ten, -ter	Zigarette
lighter, -en, -e	Feuerzeug
hæfte, -t, -r	Heft
lærer, -en, -e	LehrerIn
forskellig	verschieden
ordbog, -en, -bøger	Wörterbuch
man	man

2

må jeg godt (låne)	darf ich (leihen)
må	dürfen
låne	leihen
selvfølgelig	selbstverständlich
tak for lån!	danke fürs Leihen, etwa: vielen Dank!
ur, -et, -e	Uhr
blyant, -en, -er	Bleistift
øvebog, -en, -bøger	Arbeitsbuch

3

statistik, -ken, -ker	Statistik
vaskemaskine, -n, -r	Waschmaschine
opvaskemaskine, -n, -r	Geschirrspüler
tørretumbler, -en, -e	Wäschetrockner
cd-afspiller, -en, -e	CD-Player
cd, -en, -er	CD, Compact Disc
video, -en, -er	Video(gerät)

hjemmecomputer/pc, -en, -er	Computer/PC
telefonsvarer, -en, -er	Anrufbeantworter
mobiltelefon, -en, -er	Mobiltelefon
telefax, -en	Faxgerät
mikrobølgeovn, -en, -e	Mikrowellenherd
videokamera, -et, -er	Videokamera

4

deres	ihr
jeres	euer
vores	unser
stå	stehen

5

et par	ein paar ..., einige
som (Rel.pronomen)	welcher, der
ligge	liegen

6

dens	sein
dets	sein

7

bank, -en, -er	Bank
have brug for	benötigen
spørge	fragen
bankassistent, -en, -er	Bankangestellte(r)
euro-check, -en, -s	Euroscheck
check, -en, -s	Scheck
vil du/De være så venlig at ...	würdest du/würden Sie bitte ...
være	sein
æh	Ausdruck für Verlegenheit
De får pengene	Sie bekommen das Geld
penge	Geld

8

bagefter	hinterher
veksle	wechseln
østrigske schilling	österreichische Schillinge
schweiziske francs	Schweizer Francs
200-kroneseddel	200-Kronen-Schein
seddel, -en, sedler	(Geld)schein

9

kan du sige mig	könntest du mir sagen
mig	mir, mich
pengeautomat, -en, -er	Geldautomat
sparekasse, -n, -r	Sparkasse
langt	weit
hen ad gaden	die Straße hinunter/entlang
meter/m., -en, metre	Meter
det var så lidt!	keine Ursache!

Lektion 7

1

hvad er klokken?	wie viel Uhr ist es?
klokken er ...	es ist ... Uhr
klokken/kl. ...	um ...
halv	halb
kvart over	Viertel nach
kvart i	Viertel vor

4

tak for det!	etwa: recht vielen Dank!

5

om morgenen	morgens, am Morgen
om formiddagen	vormittags, am Vormittag
formiddag, -en, -e	Vormittag
om eftermiddagen	nachmittags, am Nachmittag
eftermiddag, -en, -e	Nachmittag
om aftenen	abends, am Abend
om	hier: am
køreplan, -en, -er	Fahrplan
plan, -en, -er	Plan

6

åbningstider	Öffnungszeiten
mandag, -en, -e	Montag
tirsdag, -en, -e	Dienstag
onsdag, -en, -e	Mittwoch
torsdag, -en, -e	Donnerstag
fredag, -en, -e	Freitag

lørdag, -en, -e	Sonnabend
søndag, -en, -e	Sonntag
slags, -n, -0	Art
butik, -ken, -ker	Laden
bager, -en, -e	Bäcker
hvornår	wann
åbne	öffnen
lukke	schließen
om tirsdagen	dienstags, am Dienstag
åben(t)	geöffnet, offen

7

håndværker, -en, -e	Handwerker
på tirsdag	am kommenden Dienstag
så	dann
vi ses	wir sehen uns, bis bald
et andet tidspunkt	ein anderer Zeitpunkt

8

telefonsamtale	Telefongespräch
samtale, -n, -r	Gespräch
ih!	Ausruf der Freude
hvor er det dejligt!	wie ist das schön, das ist aber schön!
hvad tid	um wie viel Uhr
rutebil, -en, -er	Bus (oft überland)
hente	holen, abholen
stoppested, -et, -er	Haltestelle

9

mellem	zwischen
tog, -et, -0	Zug
fly, -et, -0	Flugzeug, Flieger
lufthavn, -en, -e	Flughafen
færge, -n, -r	Fähre

10

færgekontor, -et, -er	Fährbüro
kontor, -et, -er	Büro, Kontor
sejle	segeln, auf dem Wasser fahren
ca./cirka	zirka
hvis	falls, wenn
afgang, -en, -e	Abfahrt
øjeblik, -ket, -ke	Augenblick
hverdag, -en, -e	Werktag
næste	nächster
andre	andere
sidste	letzte
samme	selben
altså	also

11

dame, -n, -r	Dame
sejlplan, -en, -er	Fährplan

12

måned, -en, -er	Monat
uge, -n, -r	Woche
døgn, -et, -0	Begriff für Tag und Nacht, 24 Stunden
time, -n, -r	Stunde
sekund, -et, -er	Sekunde
weekend, -en, -er	Wochenende

13

flytte	umziehen
tænke på	denken an
tænke	denken
hvilken/hvilket/hvilke	welcher
hvad spørger han om	wonach fragt er

14

lave	machen
små	klein (Pl. von *lille*)
tegning, -en, -er	Zeichnung
bag	hinter
lægge	legen
spillets leder	Spielleiter
vende	umdrehen
kigge	gucken
addere	addieren
tilbage	zurück
øv!	Ausruf des Ärgerns

Lektion 8

1

beboelsesejendom, -men, -me	Wohnblock
i stuen	Parterre
på ... sal	im ... Stock

3

født	geboren
januar, en	Januar
februar, en	Februar
marts, en	März
april, en	April
maj, en	Mai
juni, en	Juni
juli, en	Juli
august, en	August
september, en	September
oktober, en	Oktober
december, en	Dezember

4

fødselsdagskalender	Geburtstagskalender
kalender, -en, -e	Kalender
dato, -en, -er	Datum
op på tavlen	an die Tafel

5

forretningsmand, -en, -mænd	Geschäftsmann
rejse	reisen
vil gerne vide	möchte gern wissen
hjemme	zu Hause

6

invitation, -en, -er	Einladung
til middag	zum Essen
middag, -en, -e	Mittag
for at	um zu
invitere	einladen
hvad med jer?	wie ist es mit euch?
for tiden	zur Zeit
tit	oft
forretningsrejse	Geschäftsreise
rejse, -n, -r	Reise
ellers	sonst
om	ob
sådan	so
ved syv-tiden	gegen sieben Uhr
lad mig	lass mich
lade	lassen
det er en skam!	das ist aber schade!
sen(t)	spät
hjem	nach Hause
altid	immer
træt	müde
efter	nach
finde	finden
en anden dag	einen anderen Tag
hvad med (fredag)?	wie ist es mit (Freitag)?
bedstemor, -en, -mødre	Großmutter

7

for	für
begge	beide
koncert, -en, -er	Konzert
besøge	besuchen
teater, teatret, teatre	Theater

8

flyv til syden	in den Süden fliegen
flyve	fliegen
flyrejse, -n, -r	Flugreise
hen	hin
hvor længe	wie lange
væk	weg

9

god tur!	gute Fahrt!
tur, -en, -e	Fahrt, Tour
god rejse!	gute Reise!

Lektion 9

1

morgenmad, -en	Frühstück
mad, -en	Essen
frokost, -en, -er	mittägliche Mahlzeit
kold(t)	kalt
middagsmad, -en	warmes Essen

spise	essen
te, -en	Tee
kaffe, -n	Kaffee
drikke	trinken
eftermiddagskaffe, -n	Nachmittagskaffee
varm(t)	warm, heiß
aftenkaffe, -n	Abendkaffe
aftensmad, -en	Abendessen

2

normal	normal
skriv numre på	nummeriere
rækkefølge, -n, -r	Reihenfolge
allesammen	alle
sove	schlafen
tage bad	ein Bad nehmen
vaske sig	sich waschen
slappe af	entspannen
se fjernsyn	fernsehen
være på arbejde	zur Arbeit sein
vågne	aufwachen
stå op	aufstehen
lave kaffe	Kaffe machen
lave mad	Essen kochen
læse	lesen
gå i seng	ins Bett gehen
gå	gehen

3

tage brusebad	duschen
tage af sted	fortgehen, losfahren
af sted	fort, los
sted, -et, -er	Ort, Stelle
cykle	Rad fahren
skolebus, -sen, -ser	Schulbus
skole, -n, -r	Schule
arbejde (Vb.)	arbeiten
revisor, -en, -er	Steuerberater
sy	nähen
direktrice, -n, -r	Direktrice
fabrik, -ken, -ker	Fabrik
for hende	für sie
svær(t)	schwierig, schwer
finde et arbejde	Arbeit zu finden
arbejdsplads, -en, -er	Arbeitsplatz
gå ind	hineingehen
efterhånden	allmählich
kunde, -n, -r	Kunde
som (Rel.pronomen)	der, die, das
før	bevor
igen	wieder
gå i gang med	in Gang gehen
lege	spielen
lave lektier	Hausaufgaben machen
gå videre med	fortfahren

5

hvad laver ...	was macht ...
guitar, -en, -er	Gitarre
fodbold, -en, -e	Fußball
danse	tanzen

6

gøre rent	putzen, sauber machen
ren(t)	sauber
vaske (tøj)	waschen
vaske op	abwaschen, spülen
rydde op	aufräumen

7

typisk	typisch
ofte	oft
sommetider	manchmal
aldrig	nie
starte	beginnen, starten
vækkeur, -et, -e	Wecker
have gæster	Gäste haben
hygge sig	es sich gemütlich machen
gå en tur	spazieren gehen
ugeblad, -et, -e	Illustrierte
blad, -et, -e	Blatt
tennis	Tennis
gå ud	ausgehen
læse, -te, -t dansk	Dänisch lernen/ studieren

8

ha' det godt!	mach's gut!

Lektion 10

1

hvor langt	wie weit
langt	weit
strand, -en, -e	Strand
måske	vielleicht

2

til leje	zu mieten
udsigt, -en, -er	Aussicht
over havet	über das Meer
over	über
hav, -et, -e	Meer
soveplads, -en, -er	Schlafplatz
overdækket	überdacht
brændeovn, -en, -e	Kaminofen
per/pr.	per, pro

3

rollespil, -let, -0	Rollenspiel
hvorfor	warum, weshalb
fordi	weil

4

sende	senden
fax, -en, -er	Fax
er interesseret i	interessiert an etwas sein
nærmest	nächster
købmand, -en, -mænd	Kaufmann
endnu	noch
udleje	vermieten

5

svar, -et, -0	Antwort
side, -en, -er	Seite
notat, -et, -er	Notiz
ledig(t)	frei
lejekontrakt, -en, -er	Mietvertrag
kontrakt, -en, -er	Vertrag
inden	vor

6

turist, -en, -er	Tourist
information, -en, -er	Information
lige et øjeblik!	etwa: einen Augenblick, bitte
lige ved vandet	direkt am Wasser
lige	direkt, gleich
vand, -et, -e	Wasser
køleskab, -et, -e	Kühlschrank
restaurant, -en, -er	Restaurant
i nærheden af	in der Nähe von
til sidst	zum Schluss
o.k.	o.k.
det lyder godt	das hört sich gut an
adresse, -n, -r	Anschrift

7

når	wenn
os	uns
ude	draußen
spille kort	Karten spielen
bestemt	bestimmt
biograf, -en, -er	Kino
holde ferie	Urlaub/Ferien machen
holde	halten
roman, -en, -er	Roman

8

denne	dieser
ord, -et, -0	Wort
fritid, -en	Freizeit

9

hilse	grüßen

Lektion 11

3

liste, -n, -r	Liste
sidde, sad, siddet	sitzen
i mandags	letzten Montag
i går	gestern
i (går) aftes?	gestern Abend
i forgårs?	vorgestern
i morges	heute Morgen

5

om	über
da	als
ugedag, -en, -e	Wochentag

6

efterårsferie, -n, -r	Herbstferien
efterår, -et, -0	Herbst
sidste år	letztes Jahr
Vesterhavet	die Nordsee
langt væk	weit fort
elske, -ede, -et	lieben
ikke så langt	nicht so weit
skøn(t)	schön
klit, -ten, -ter	Dünen
lang	lang
samle, -ede, -et	sammeln
træ, -et, -0	Holz
vejr, -et	Wetter
museum, museet, museer	Museum
støde (sammen)	(zusammen) stoßen
ta-selv-bord	Buffet
mormor, -en, -mødre	Großmutter mütterlicherseits
morfar, -en, -fædre	Großvater mütterlicherseits
kærlig	lieb

7

vinterferie, -n, -r	Winterferien
vinter, -en, -re	Winter

Lektion 12

1

læse højt	laut lesen
yoghurt, -en	Jogurt
ost, -en, -e	Käse
brød, -et, -0	Brot
mælk, -en	Milch
cornflakes	Cornflakes
marmelade, -n, -r	Marmelade
frugt, -en, -er	Obst
margarine, -n	Margarine
sukker, -et	Zucker
grøn salat, -en, -er	Salat
kød (okse), -et	Fleisch (Rind)
medisterpølse, -n, -r	Bratwurst
pølse, -n, -r	Wurst, Würstchen
pålæg, -get	Aufschnitt
sild, -en, -0	Hering
smør, -ret	Butter
fløde, -en	Sahne
æg, -get, -0	Ei
chokolade, -n, -r	Schokolade
wienerbrød, -et	Blätterteigkuchen, „Kopenhagener“
kage, -n, -r	Kuchen

3

hver	jeder
grønthandler, -en, -e	Gemüsehändler
på tilbud	im Angebot
grøntsag, -en, -er	Gemüse
jeg gider alligevel ikke rigtig	ich habe doch keine Lust
gide, gad, gidet	mögen, Lust haben
alligevel	doch
snakke politik, -ken	über Politik reden
vi bliver aldrig enige	wir werden nie einig
enig	einig
frygtelig	furchtbar
konservativ	konservativ
slagter, -en, -e	Schlachter
vi må hellere	wir sollten lieber
hellere	lieber

4

flaske, -n, -r	Flasche
liter (l), -en, -0	Liter
vin, -en, -e	Wein
gram (g), -met, -0	Gramm
pund, -et, -0	Pfund
kilo (kg), -et, -0	Kilo
mel, -et	Mehl
dåse, -n, -r	Dose
tomat, -en, -er	Tomate
æske, -n, -r	Schachtel
glas, -set, -0	Glas
pakke, -n, -r	Packung

bæger, -et, -e	Becher
stykke, -t, -r	Stück
sæbe, -n, -r	Seife
oksekød, -et	Rindfleisch

6

æble, -t, -r	Apfel
kilopris, -en, -er	Kilopreis
pære, -n, -r	Birne
kirsebær, -ret, -0	Kirsche
gulerod, -en, gulerødder	Möhre
ærte, -n, -r	Erbse
bønne, -n, -r	Bohne
melon, -en, -er	Melone
kartoffel, kartoflen, -ler	Kartoffel
hindbær, -ret, -0	Himbeere
citron, -en, -er	Zitrone

7

ikke noget	nichts
tom	leer
trække, trak, trukket	ziehen
hvad skulle det være?	was sollte es sein?, etwa: Sie möchten bitte
var der ellers andet?	sonst noch etwas?
franskbrød, -et, -0	Weißbrot
birkes	Mohn
rugbrød, -et, -0	Schwarzbrot
fuldkorns	Vollkorn(brot)
letmælk, -en	fettarme Milch
selv	selbst
ovre	drüben
vist	wohl
udsolgt	ausverkauft
det hele	das Ganze, alles

8

hvor meget	wie viel
i alt	insgesamt
(okse)steg, -en, -e	(Rinder-)Braten
rullepølse, -n, -r	gerollte Wurst aus gewürztem Schweinefleisch
smørkage, -n, -r	Blätterteigkuchen
leverpostej, -en	Leberpastete

Lektion 13

1

folk (Plur.)	die Leute
hotdog, -gen, -s	Hot dog
ristede	gebratene (Würstchen)
hotdogs m(ed) ristet	Hot dog mit gerösteten Zwiebeln
rød	rot
kylling, -en, -er	Hähnchen
pomfrit, -ten, -ter	Pommes frites
forårsrulle, -n, -r	Frühjahrsrolle
bøfsandwich, -en, -er	Hamburger

3

tjener, -en, -e	Kellner
rødvin, -en, -e	Rotwein
hvidvin, -en, -e	Weißwein
hvid	weiß
kop, -pen, -per	Tasse
citronvand, en	Zitronensprudel
danskvand, en	Mineralwasser

4

kro, -en, -er	Gasthaus, Dorfkrug
sætte, satte, sat	setzen
optaget	besetzt
spisekort, -et, -0	Speisekarte
om fem minutter	in fünf Minuten
skål	Prost
klar suppe med boller	Klare Suppe mit Klößchen
suppe, -n, -r	Suppe
mørbradbøf, -fen, -fer	Schweinefilet
løg, -et, -0	Zwiebel
champignon, -en, -er	Champignon
dansk bøf	dän. Beefsteak
blød	weich
hvide kartofler	Salzkartoffeln
fiskefilet, -en, -er	Fischfilet
grillkylling, -en, -er	Grillhähnchen
flute, -n, -s	Baguette
biksemad, -en	Resteessen m. Kartoffeln und Fleisch
spejlæg, -et, -0	Spiegelei
rødbede, -n, -r	Rote Bete

omelet, -ten, -ter	Omelette
gemyse, -n, -r	Gemüse
dessert, -en, -er	Nachtisch
senere	später
anbefale, -ede, -et	empfehlen
frisk	frisch
jordbær, -ret, -0	Erdbeere
forskellige slags is	verschiedene Eissorten
is, -en	Eis
uhm	Ausdruck für Wohlbehagen
velbekomme!	guten Appetit!
regning, -en, -er	Rechnung
det smagte vel nok godt!	es hat sehr gut geschmeckt!
smage, -te, -t	schmecken
give, gav, givet	geben
drikkepenge	Trinkgeld

5

bruge, -te, -t	benötigen
terning, -en, -er	Würfel
brik, -ken, -ker	Spielstein
farve, -n, -r	Farbe
så er det B's tur	dann ist B an der Reihe
bestille, -ede, -t	bestellen
kaste, -ede, -et	werfen, würfeln
sin	sein
spillebræt, -tet, -0	Spielbrett
vise, -te, -t	zeigen
vinde, vandt, vundet	gewinnen
salt, -et	Salz
peber, -et	Pfeffer
kniv, -en, -e	Messer
gaffel, gaflen, -ler	Gabel
ske, -en, -er	Löffel
tallerken, -en, -er	Teller
cognac, -en, -er	Cognac
har du (noget) ild?	hast du Feuer?
ild, -en	Feuer

7

til hvornår	für wann
det klarer vi!	das schaffen wir!

9

tørstig	durstig
aftenskole, -n, -r	Abendschule, Volkshochschule
værtshus, -et, -e	Wirtshaus, Kneipe
jeg kunne bedre tænke mig	ich möchte lieber

10

holde en fest	ein Fest feiern
idé, -en, -er	Idee
kursus, kurset, kurser	Kursus
tage, tog, taget (til)	fahren (nach)

11

lige før	kurz vor
blomst, -en, -er	Blume
glemme, -te, -t	vergessen
det er jeg (meget) ked af!	das tut mir (sehr) leid!

12

om alt muligt	über alles Mögliche
blandt andet, bl.a.	unter anderem
film, -en, -0	Film
vældig	verstärkender Ausdruck, etwa: sehr

13

for ... siden	vor ...

14

siden ...	seit ...

15

god fornøjelse!	viel Vergnügen!

Lektion 14

1

tøj, -et	Kleidung
bluse, -n, -r	Bluse, leichter Pullover
skjorte, -n, -r	Oberhemd
slips, -et, -0	Schlips
sweater, -en, -e	dicker Pullover

strikket trøje	Strickjacke
strikke, -ede, -et	stricken
jakke, -n, -r	Jacke
(et par) bukser	(ein Paar) Hosen
cowboybukser	Jeans
jakkesæt, -tet, -0	Anzug
kjole, -n, -r	Kleid
nederdel, -en, -e	Rock
frakke, -n, -r	Mantel
regnfrakke, -n, -r	Regenmantel
regntøj, -et	Regenzeug
overtøj, -et	Oberbekleidung, z.B. Mantel
undertøj, -et	Unterwäsche
sko, -en, -0	Schuh
støvle, -n, -r	Stiefel
sok, -ken, -ker	Socke
strømpe, -n, -r	Strumpf
strømpebukser	Strumpfhosen

2

have på, havde, haft	anhaben
voksmannequin, -en, -er	Schaufensterpuppe

3

butiksvindue, -t, -r	Schaufenster

6

om sommeren	im Sommer
sommer, -en, somre	Sommer
skitur, -en, -e	Skiurlaub
sammenligne. -ede, -et	vergleichen

7

mønster, -et, mønstre	Muster
farveblyant, -en, -er	Buntstift
male, -ede, -et	malen
gul	gelb
blå	blau
lyseblå	hellblau
lys	hell
mørkeblå	dunkelblau
mørk	dunkel
sort	schwarz
grå	grau
brun	braun
stribet	gestreift
prikket	gepunktet
ternet	kariert
blomstret	geblümt

8

lommetørklæde, -t, -r	Taschentuch

9

finde ud af, fandt, fundet	herausfinden
beskrive, beskrev, beskrevet	beschreiben

10

en gang	ein Mal
sød	süß
lav	niedrig
cykel, cyklen, cykler	Fahrrad
pæn	nett, hübsch

12

bruge	benötigen, brauchen
størrelse, -n, -r	Größe
stof, -fet, -fer	Stoff
uld, -en	Wolle
bomuld, -en	Baumwolle
prøve, -ede, -et	anprobieren, versuchen
passe, -ede, -et	passen
det tror jeg nok	das glaube ich wohl
du er heldig!	du hast Glück!
hvor er den/det flot!	wie schick es ist!
flot	schick, hübsch
id-kort, -et, -0	Scheckkarte

13

udtryk, -ket, -0	Ausdruck
taleboble, -n, -r	Sprechblase

Lektion 15

1

se ud, så, set	aussehen

2

hoved, -et, -er	Kopf
hår, -et, -0	Haar
øje, -t, øjne	Auge
næse, -n, -r	Nase
mund, -en, -e	Mund
øre, -t, -r	Ohr
hals, -en, -e	Hals
skæg, -get, -0	Bart

3

glat	glatt
kort (Adj.)	kurz
enorm	enorm
grim	hässlich
smuk	schön
krøllet	lockig
stram	stramm
flere	mehrere
beskrivelse, -n, -r	Beschreibung
regel, reglen, regler	Regel

4

sur	sauer
forfærdelig	schrecklich
være glad for noget	etwas gern haben
glad	froh
synes du?	findest du?
sådan(ne)	solch(e)

7

det er mig	ich bin es
svoger, -en, svogre	Schwager
derop	da hoch
besøg, -et, -0	Besuch
hvor er det sødt af dig!	das ist aber nett von dir!
ligne, -ede, -et	gleichen, ähneln
tyk	dick
da	doch
lige så høj som	genauso groß wie
slank	schlank
tynd	dünn
ankomme, ankom, ankommet	ankommen
pleje, -ede, -et	pflegen
alligevel	trotzdem
moderne	modern
hyggelig	gemütlich
reservere, -ede, -et	reservieren
ville	wollen
først	zuerst
engang	einmal

8

tegne, -ede, -et	zeichnen

9

kontaktannonce, -n, -r	Kontaktannonce
fyr, -en, -e	Mann, Typ
følgende	folgende
egenskab, -en, -er	Eigenschaften
vigtig	wichtig
intelligent	intelligent
følsom	empfindsam
filosofisk	philosophisch
stærk	stark
dominerende	dominierend
kunstnerisk	künstlerisch
velhavende	wohlhabend
selvbevidst	selbstbewusst
ærlig	ehrlich
humoristisk	humorvoll
romantisk	romantisch
karriereorienteret	karrierebewusst
hjælpsom	hilfsbereit
ansvarsbevidst	verantwortungsbewusst
sparsommelig	sparsam

11

kat, -ten, -te	Katze
alfabet, -et, -er	Alphabet
mulig(t)	möglich
arbejdsløs	arbeitslos
arrogant	arrogant
chauvinistisk	chauvinistisch
dum	dumm
doven	faul

Lektion 16

1

centimeter(cm), -en, -0	Zentimeter
kraftig	kräftig
end	als
ældre	älter
ung	jung
yngre	jünger
mindre	kleiner
kreativ	kreativ

3

gifte sig	heiraten
dog	jedoch
derfor	deshalb
en del	ziemlich viel
mest praktisk	am praktischten
arbejdsformidlingen	das Arbeitsamt
job, -bet, -0	Job, Arbeit
dårlig	schlecht
humør, -et	Laune
foran	vor
diskutere, -ede, -et	diskutieren
argument, -et, -er	Argument
imod	gegen
jeg kunne bedre tænke mig	ich würde lieber
ende, -te, -t	enden
husleje, -n, -r	Miete
spændende	spannend, interessant
diskotek, -et, -er	Diskothek
interessant	interessant
rolig	ruhig
attraktiv	attraktiv
bekvem	bequem
kedelig	langweilig

4

give råd, -et, -0	einen Rat erteilen
snaps, -en, -e	Schnaps, Aquavit
det har du ret i	darin hast du Recht

5

reklame, -n, -r	Reklame, Werbung
sikkert	sicher
appelsin, -en, -er	Apfelsine
eksportør, -en, -er	Exporteur
„Anders And"-blad, -et, -e	Donald Duck Heft
luftfartsselskab, -et, -er	Fluggesellschaft
producent, -en, -er	Hersteller
køkkenting, -en, -0	Küchengeräte
bilforhandler, -en, -e	Autohändler
rejsebureau, -et, -er	Reisebüro
sjov	witzig
kvalitet, -en, -er	Qualität

6

modebutik, -ken, -ker	Boutique
butikscenter, -centret, -centre	Ladencenter
stormagasin, -et, -er	Warenhaus
café, -en, -er	Café
det passer ikke!	das stimmt nicht!

7

benzin, -en	Benzin

8

tilfreds	zufrieden

Lektion 17

1

facilitet, -en, -er	Einrichtungen
centrum	Zentrum
helt bestemt	ganz bestimmt

2

enkelt	einzel
dobbelt	doppel
helst	am liebsten
ved siden af	neben
uden	ohne
blive, blev, blevet	bleiben
morgenbuffet, -en, -er	Frühstücksbuffet

3

farve-tv, -et, -er	Farbfernseher
handicap-egnet	behindertengerecht
allergiværelse, -t, -r	Zimmer für Allergiker
konferencefaciliteter	Konferenzeinrichtungen
elevator, -en, -er	Fahrstuhl
natklub, -ben, -ber	Nachtklub
sport, -en	Sport
motion, -en	Sport, Fitness
badelandskab, -et, -er	Badelandschaft
opholdsstue, -n, -r	Aufenthaltsraum

4

ankomst, -en, -er	Ankunft
(komme) for sent	zu spät (kommen)
være bange for noget	etwas befürchten
parkere, -ede, -et	parken
parkeringsplads, -en, -er	Parkplatz
skynde sig, -te, -t	sich beeilen
ankomsthal, -len, -ler	Ankunftshalle
forsinket	verspätet
passager, -en, -er	Passagier
vente, -ede, -et	warten
bagage, -n	Gepäck
lige nået	gerade geschafft
nå, -ede, -et	schaffen, erreichen
da	als
bære, bar, båret	tragen
kuffert, -en, -er	Koffer
vogn, -en, -e	Wagen
midt	mitten
ikke helt	nicht ganz
mene, -te, -t	meinen
larm, -en	Lärm
støj, -en	Krach
stille	still
trafik, -ken	Verkehr
alt for	viel zu
hurtig	schnell
ordne, -ede, -et	ordnen
skrue ned for, -ede, -et	herunterdrehen
radiator, -en, -er	Heizkörper
hård	hart
smal	schmal
hold op!	hör auf!

5

bred	breit

6

vække, -ede, -et	wecken
forlade, forlod, forladt	verlassen
håndklæde, -t, -r	Handtuch
hårtørrer, -en, -e	Haartrockner, Fön
i stykker	kaputt
virke, -ede, -et	funktionieren
stuepige, -n, -r	Zimmermädchen
straks	sofort
klar	klar

8

tage med, tog, taget	mitfahren

9

virkelig	wirklich
kig ind!	guckt 'rein!
lignende	ähnlich

Lektion 18

1

kort, -et, -0	Karte, Landkarte
sætte streg under	unterstreichen
nord for	nördlich von
syd for	südlich von
øst for	östlich von
vest for	westlich von

2

tage hen, tog, taget	hinfahren

3

skilt, -et, -e	Schild
udarbejde, -ede, -et	ausarbeiten
rejserute, -n, -r	Reiseroute
seværdighed, -en, -er	Sehenswürdigkeit
naturoplevelse, -n, -r	Naturerlebnis
natur, -en, -er	Natur
rute, -n, -r	Route

5

mus, -en, -0	Maus
hænge, hang, hængt	hängen

6

rim, -et, -0	Reim
rime, -ede, -et	reimen
række, -n, -r	Reihe

Lektion 19

1

campingvogn, -en, -e	Wohnwagen
telt, -et, -e	Zelt
ferielejlighed, -en, -er	Ferienwohnung
båd, -en, -e	Boot

2

plan, -en, -er	Plan
omkring	um, herum
i år	dieses Jahr
steget	gestiegen
foreslå, -slog, -slået	vorschlagen
udland, -et	Ausland
telttur, -en, -e	Zeltfahrt
Danmark rundt	Tour durch Dänemark
ligesom	wie
spejder, -en, -e	Pfadfinder
primitiv	primitiv
tage på fisketure	auf Angeltour gehen, angeln
bade, -ede, -et	baden
svømme, -ede, -et	schwimmen
la' vær'	lass das
skændes	sich streiten
dele, -te, -t	teilen
grille, -ede, -et	grillen
cafeteria, cafeteriet, cafeterier	Cafeteria
brochure, -n, -r	Broschüre

3

forbinde, -bandt, -bundet	verbinden

5

sommerhusferie, -n, -r	Ferienhausurlaub
positiv	positiv
negativ	negativ

6

hotelferie, -n, -r	Hotelurlaub
det kan godt være	das könnte sein
netop	Bestätigung: genau
noget andet	etwas anderes

7

sten, -en, -0	Stein
sø, -en, -er	See
flod, -en, -er	Fluss
bakke, -n, -r	Hügel
bjerg, -et, -e	Berg
skov, -en, -e	Wald
mark, -en, -er	Feld
å, -en, -er	Bach, kleiner Fluss
fugl, -en, -e	Vogel
det er lige meget	es ist egal
lære, -te, -t	lernen
surfe, -ede, -et	surfen
diskussion, -en, -er	Diskussion

8

allerede	bereits
over	über
vare, -ede, -et	dauern
sejltur, -en, -e	Bootsfahrt
det tager	es dauert
derfra	von dort
afgangstid, -en, -er	Abfahrtzeit
ankomsttid, -en, -er	Ankunftszeit

9

oplysning, -en, -er	Auskunft
stikord, -et, -0	Stichwort

Lektion 20

1

posthus, -et, -e	Postamt
kirke, -n, -r	Kirche

apotek, -et, -er	Apotheke
politistation, -en, -er	Polizeiwache
kommunekontor, -et, -er	Gemeindebüro
rutebilstation, -en, -er	ZOB
bibliotek, -et, -er	Bücherei
sygehus, -et, -e	Krankenhaus
svømmehal, -len, -ler	Schwimmhalle
havnekontor, -et, -er	Hafenbüro
havn, -en, -e	Hafen
benzintank, -en, -e	Tankstelle
cykeludlejning, -en, -er	Fahrradvermietung

3

rådhus, -et, -e	Rathaus
station, -en, -er	Bahnhof
motionscenter, -centret, -centre	Fitnesscenter

4

lige ud	gerade aus
(til) venstre	(nach) links
(til) højre	(nach) rechts
forbi	vorbei
gadekryds, -et, -0	Straßenkreuzung
lyskurv, -en, -e	Ampel
på venstre hånd	links
på hjørnet af	an der Ecke von
over for	gegenüber

5

fremmed	fremd
torv, -et, -e	Markt(platz)
tak for hjælpen!	danke für die Hilfe!

7

forandret	verändert
stadigvæk	immer noch

Lektion 21

1

sol, -en, -e	Sonne
skinne, -ede, -et	scheinen
himmel, himlen, himle	Himmel
fryse, frøs, frosset	frieren
det fryser	es friert
regne, -ede, -et	regnen
blæse, -te, -t	wehen
vind, -en, -e	Wind
næsten	fast
stormvejr, -et, -0	Sturm
overskyet	bedeckt, bewölkt
sky, -en, -er	Wolke
sne, -ede, -et	schneien
sne, -en	Schnee
tåget	neblig
tåge, -n, -r	Nebel
tæt	dicht

3

association, -en, -er	Assoziation
sammenligne, -ede, -et	vergleichen

4

trist	trübe, traurig
forslag, -et, -0	Vorschlag

5

digt, -et, -e	Gedicht
synge, sang, sunget	singen
årstid, -en, -er	Jahreszeit
kærlighed, -en	Liebe
forår, -et, -0	Frühjahr

6

vejrmelding, -en, -er	Wetterbericht
hvad menes der ...	was ist gemeint
findes ikke	gibt es nicht

7

sidst i (februar)	Ende (Februar)
flygte, -ede, -et	flüchten
sydpå	in den Süden
befinde sig, befandt, befundet	sich befinden

8

gid ...	wenn doch ...
trænge til	nötig haben, benötigen
bare	wenn doch ...
langs	entlang

jamen	aber
have lyst til	Lust haben
få lov til noget	etwas dürfen, die Erlaubnis bekommen
fætter, -en, fætre	Vetter
i hvert fald	auf jeden Fall
checke, -ede, -et	überprüfen

9

personlig	persönlich
situation, -en, -er	Situation
snart	bald
regn, -en	Regen
holde op, holdt, holdt	aufhören

10

ringe afbud	telefonisch eine Absage erteilen
det var kedeligt	das ist schade
det er jeg ked af	es tut mir leid, darüber bin ich traurig
ham	ihm, ihn
alene	allein
skuffet (over)	enttäuscht (über)
planlægge, -lagde, -lagt	planen

Lektion 22

1

jul, -en	Weihnachten
glædelig jul!	frohe Weihnachten!
godt nytår!	ein gutes neues Jahr!
I ønskes	„euch wird gewünscht", wir wünschen euch
juleaften, -en, -er	Heiligabend
1. juledag	erster Weihnachtstag
i julen	in der Weihnachtszeit

2

juleforberedelse, -n, -r	Weihnachtsvorbereitung
huskeliste, -n, -r	Merkzettel
juletræ, -et, -er	Weihnachtsbaum, Tannenbaum
julepynt, -en	Weihnachtsschmuck
opskrift, -en, -er	Kochrezept
stadig	immer noch, weiter
masser af	viel(e)
juletræsfod, -en,	Tannenbaumfuß
nytårsaften, -en, -er	Silvester
nytårsdag, -en, -e	Neujahr
problem, -et, -er	Problem

3

holde jul	Weihnachten feiern

4

spare, -ede, -et	sparen
energi, -en, -er	Energie
udvalg, -et, -0	Ausschuss
aktuel	aktuell
gælde, gjaldt, gældt	gelten
mangler du	fehlt dir
nytårsforsæt, -tet, -ter	Neujahrsvorsatz
i stedet for	anstatt
karbad, -et, -e	Wannenbad
rindende varmt vand	fließend warmes Wasser
termostatventil, -en, -er	Thermostat
sørge for, -ede, -et	sorgen für
tætne	abdichten
elektricitet, -en	Elektrizität
sparemetode, -n, -r	Sparmethode
nødvendig	notwendig
i det hele taget	im Ganzen, überhaupt
ønske, -ede, -et	wünschen

5

mindst	mindestens

6

ryge, røg, røget	rauchen

7

sige, sagde, sagt	sagen
høflig	höflich
måde	Art und Weise
tænde lys	Licht machen
tænde (for radioen), -te, -t	(das Radio) anmachen
lys, -et, -0	Licht

slukke (for), -ede, -et	ausmachen
lukke, -ede, -et	schließen
give, gav, givet	geben
række, rakte, rakt	reichen
ønske, -t, -r	Wunsch
reagere, -ede, -et	reagieren

Lektion 23

1

ride, red, redet	reiten
instrument, -et, -er	Instrument

2

lytte, -ede, -et	zuhören, lauschen
musik, -ken	Musik
derhjemme	zu Hause
klaver, -et, -er	Klavier
gøre gymnastik	Gymnastik machen, turnen
jogge, -ede, -et	joggen

3

piktogram, -met, -mer	Piktogramm
aktivitet, -en, -er	Aktivität
badminton	Badminton
volleyball	Volleyball
bordtennis	Tischtennis
skak, -ken	Schach
løbe, løb, løbet	laufen
fiske, -ede, -et	fischen, angeln
fotografere, -ede, -et	fotografieren
autografjagt, -en, -er	Autogrammjagd
finde frem til	finden

4

én gang om dagen	ein Mal am Tag, einmal täglich
gang, -en, -e	Mal
anbefaling, -en, -er	Empfehlung
interessere sig for noget	sich für etwas interessieren
rockmusik, -en	Rockmusik
ballet, -ten, -ter	Ballett
kunst, -en, -er	Kunst
vikingetiden	Wikingerzeit
historie, -n, -r	Geschichte
tegneserie, -n, -r	Comic
musical, -en, -s	Musical

6

klassisk	klassisch
ikke fordrage noget	etwas nicht ausstehen können
historisk	historisch
hat, -ten, -te	Hut

7

pensioneret	pensioniert

8

i julegave	als Weihnachtsgeschenk
gave, -n, -r	Geschenk
begynde, -te, -t	beginnen, anfangen
fotografiapparat, -et, -er	Fotoapparat
både ... og	sowohl ... als auch
morsom	lustig
medlem, -met, -mer	Mitglied
idrætsforening, -en, -er	Sportverein
forening, -en, -er	Verein
foredrag, -et, -0	Vortrag
politisk parti, -et, -er	politische Partei
Folketing, -et	Folketing, dän. Parlament
påske, -n	Ostern

9

hobby, -en, -er	Hobby
de mødes	sie treffen sich

11

kor, -et, -0	Chor
havearbejde, -t	Gartenarbeit
politiker, -en, -e	Politiker
cembalo, -et, -er	Cembalo

Lektion 24

1

transportmiddel, -midlet, -midler	Transportmittel
bus, -sen, -ser	Bus
knallert, -en, -er	Moped
taxa, -en, -er	Taxi
motorcykel, -cyklen, -cykler	Motorrad
S-tog, -et, -0	S-Bahn
offentlig	öffentlich
privat	privat
undergrundsbane, -n, -r	U-Bahn

2

taxachauffør, -en, -er	Taxifahrer
bygning, -en, -er	Gebäude
kvarter, -et, -er	Viertel
det er jeg sikker på	da bin ich sicher
kvittering, -en, -er	Quittung

3

busstoppested, -et, -er	Bushaltestelle
direkte	direkt, gerade
skifte, -ede, -et	umsteigen
linie, -n, -r	Linie
sige til	Bescheid sagen
stå af, stod, stået	aussteigen
hvert 5. minut	alle fünf Minuten
tekst, -en, -er	Text
buschauffør, -en, -er	Busfahrer
svare, -ede, -et	antworten

4

hovedbanegård, -en, -e	Hauptbahnhof
afgå, afgik, afgået	abfahren
spor, -et, -0	Gleis
billet, -ten, -ter	Fahrkarte (auch Eintrittskarte)
derovre	dort drüben
returbillet, -ten, -ter	Rückfahrkarte
pladsbillet, -ten, -ter	Platzkarte

5

togrejse, -n, -r	Bahnfahrt
DSB	Abk. für *Danske Statsbaner*

6

inde	drinnen
oppe	oben, droben
ned	runter
nede	unten

7

ventesal, -en, -e	Wartesaal
kiosk, -en, -er	Kiosk
fjord, -en, -e	Förde

8

gåtur, -en, -e	Wanderung

Lektion 25

1

landmand, -en, -mænd	Landwirt(in)
kontorassistent, -en, -er	Büroangestellte(r)
tandlæge, -n, -r	Zahnarzt, -ärztin
ingeniør, -en, -er	Ingenieur(in)
hjemmehjælper, -en, -e	Haushaltshilfe
ansat	angestellt
firma, -et, -er	Firma
bygge, -ede, -et	bauen
bro, -en, -er	Brücke
virksomhed, -en, -er	Betrieb
tandklinik, -ken, -ker	Zahnklinik
uddannelse, -n, -r	Ausbildung
stald, -en, -e	Stall
syg	krank

2

drømmejob, -bet, -0	Traumberuf
gætte, -ede, -et	raten, erraten
selvstændig	selbständig
læge, -n, -r	Arzt, Ärztin
for det meste	meistens
udendørs	draußen
indendørs	drinnen
fremstille, -ede, -et	herstellen
reparere, -ede, -et	reparieren

administrere, -ede, -et	verwalten
fast	fest
arbejdstid, -en, -er	Arbeitszeit
fleksibel	flexibel
flekstid, -en, -er	gleitende Arbeitszeit
skifteholdsarbejde	Schichtarbeit
deltidsjob, -bet, -0	Teilzeitarbeit
løn, -nen	Lohn, Gehalt
rimelig	angemessen
tilføje, -ede, -et	hinzufügen
stille spørgsmål, -ede, -et	Fragen stellen

3

enten ... eller	entweder ... oder
berette, -ede, -et	berichten
nyde, nød, nydt	genießen
luft, -en	Luft
at være fælles om alt arbejde	die Arbeit gemeinsam erledigen
temmelig	ziemlich
betale i skat	an Steuern zahlen
skat, -ten, -ter	Steuer
tidlig	früh
økonomisk	ökonomisch
det står til	es geht
ekstra	extra
gå hjemme	nicht berufstätig sein
som	als
husmor, -en, -mødre	Hausfrau
tjene, -te, -t	verdienen
stilling, -en, -er	Stellung
børnehave, -n, -r	Kindergarten
helt	ganz
føle, -te, -t	fühlen
mod mig	zu mir
søge en stilling	sich bewerben
sprog, -et, -0	Sprache
engelsk	englisch
starte på noget, -ede, -et	etwas beginnen
fabriksarbejder, -en, -e	Fabrikarbeiter
fiskemelsfabrik, -ken, -ker	Fischmehlfabrik
fri	frei
frokostpause, -n, -r	Mittagspause
pause, -n, -r	Pause
kantine, -n, -r	Kantine
bliver nødt til at lukke	schließen muss
fiskeri, -et	Fischerei
fagforening, -en, -er	Gewerkschaft
jeg er imod	ich bin dagegen
strejke, -ede, -et	streiken

4

farlig	gefährlich
krævende	fordernd
udfordrende	herausfordernd
snavset	schmutzig
eget	eigen

6

forbindelse, -n, -r	Verbindung
overarbejde, -t	Überstunden
telefonere, -ede, -et	telefonieren
papir, -et, -er	Papier

Lektion 26

1

privatliv, -et	Privatleben
(arbejds)kollega, -en, kolleger	Kollege
mens	während

2

analyse, -n, -r	Analyse
stress, -et	Stress
presset	Druck ausgesetzt
interview, -et, -s	Interview

3

atmosfære, -n, -r	Atmosphäre
tryg	sicher, geborgen
sikre	sicher
arbejdsforhold, -et, -0	Arbeitsverhältnis
ferieordning, -en, -er	Urlaubsregelung

4

liv, -et, -0	Leben

5

sang, -en, -e	Lied, Gesang

6

brevkasse, -n, -r	Briefkasten
officiel	offiziell
dansker, -en, -e	Däne, Dänin
smørrebrød, -et, -0	belegte Brote
ekspedere, -ede, -et	verkaufen
angående	wegen
annoncere, -ede, -et	annoncieren
ét ord må være smuttet	ein Wort muss falsch herausgerutscht sein
stemme, -n, -r	Stimme
i den anden ende	am anderen Ende
hvor han vil hen med det	worauf er hinaus will
statsborgerskab, -et	Staatsbürgerschaft
stat, -en, -er	Staat
stolthed, -en	Stolz
grønlænder, -en, -e	Grönländer(in)
i stedet for bare at svare	anstatt einfach zu antworten
tavshed, -en	Schweigen
chance, -n, -r	Chance
racediskrimination, -en, -er	Rassendiskriminierung
tvinge, tvang, tvunget	zwingen
selv om	obwohl
jeg godt er klar over	ich bin mir wohl darüber im Klaren
nem	leicht, einfach
slippe af med	loswerden
besat	besetzt
ægte	echt
forbitret	verbittert
19-årig	Neunzehnjährige(r)
hvad sker der	was geschieht
ske, -te, -t	geschehen, passieren
mon	ob (wohl)
i samme retning	in der gleichen Richtung
social	sozial
udlænding, -en, -e	Ausländer
jobsamtale, -n, -r	Anstellungsgespräch

7

sætte, satte, sat	setzen, anbringen
ben, -et, -0	Bein

8

værktøj, -et, -er	Werkzeug
bruge til noget	für etwas benötigen
er lavet af	ist gemacht aus
plastic	Plastik
metal, -let, -ler	Metall

Lektion 27

1

udstilling, -en, -er	Ausstellung
ro, -ede, -et	rudern
løbe maraton	Marathon laufen
håndbold, -en, -e	Handball
fodboldkamp, -en, -e	Fußballspiel

3

tag det nu roligt!	etwa: immer mit der Ruhe!
have råd til noget	sich etwas leisten können
jeg skal alligevel klippes	mein Haar muss sowieso geschnitten werden
klippe, -ede, -et	schneiden
tørre, -ede, -et	trocknen
opdage, -ede, -et	entdecken
grund, -en, -e	Grund, Ursache
for resten	übrigens
program, -met, -mer	Programm
installere, -ede, -et	installieren
fungere, -ede, -et	funktionieren
hånd, -en, hænder	Hand
et eller andet	irgend etwas
der er noget i vejen	etwas ist los (nicht in Ordnung)
rest, -en, -er	Rest
sulten	hungrig
en eller anden	irgend jemand
mærkelig	merkwürdig
mæt	satt

dyrlæge, -n, -r	Tierarzt, -ärztin
hakket kød	Hackfleisch
falde, faldt, faldet	fallen
slå sig, slog, slået	schlagen, verletzen
tilbudsavis, -en, -er	Anzeigenblatt
låse, -te, -t	schließen
gavepapir, -et	Geschenkpapier
hverken ... eller	weder ... noch
skidt	schlecht
Skagensmalerne	Bezeichnung für Maler in der Stadt Skagen um 1900
pragtfuld	prachtvoll

5

hund, -en, -e	Hund
dyr, -et, -0	Tier
hitliste, -n, -r	Hitliste
de værste ting	die schlimmsten Dinge

6

biografprogram, -met, -mer	Kinoprogramm
forklare, -ede, -et	erklären
aftale, -te, -t	verabreden
handle om, -ede, -et	handeln von

7

forestille, -ede, -et	vorstellen

Lektion 28

1

krop, -pen, -pe	Körper
finger, -en, fingre	Finger
arm, -en, -e	Arm
mave, -n, -r	Magen, Bauch
bryst, -et, -er	Brust
ryg, -gen, -ge	Rücken
fod, -en, fødder	Fuß
tå, -en, tæer	Zeh

2

hvad fejler personerne	was fehlt den Personen
fejle, -ede, -et	fehlen
have ondt i	Schmerzen haben in

3

føle sig utilpas	sich nicht wohl fühlen
utilpas	unwohl
rask	gesund
jeg fryser	mich friert
hovedpine, -n, -r	Kopfschmerzen
feber, -en	Fieber
termometer, -metret, -metre	Thermometer
forsigtig	vorsichtig
lægevagt, -en, -er	ärztlicher Bereitschaftsdienst
telefonboks, -en, -e	Telefonzelle
telefonbog, -en, -bøger	Telefonbuch
forkølet	erkältet
rar	angenehm
medicin, -en	Medizin
recept, -en, -er	Rezept
tablet, -ten, -ter	Tablette
daglig	täglich
pille, -n, -r	Pille
højst	höchstens
god bedring!	gute Besserung!

4

sygebesøg, -et, -0	Krankenbesuch

6

det gør ondt	es tut weh
slem	schlimm
plaster, -et, plastre	Pflaster
forbinding, -en, -er	Verband
skære sig, skar, skåret	sich schneiden
brække, -ede, -et	brechen
mavepine, -n, -r	Bauchschmerzen
tandpine, -n, -r	Zahnschmerzen
ørepine, -n, -r	Ohrenschmerzen

Lektion 29

1

fylde op	volltanken
fylde, -te, -t	füllen
Berlingeren	umgangssprachlich für: *Berlingske Tidende*
slik, -ket, -0	Süßigkeiten
mekaniker, -en, -e	Mechaniker
motor, -en, -er	Motor
starte, -ede, -et	starten
sætte i, satte, sat	einsetzen
tændrør, -et, -0	Zündkerze
vognen er klar	der Wagen ist fertig
olie, -n, -r	Öl

2

værksted, -et, -er	Werkstatt

3

færdselsuheld, -et, -0	Verkehrsunfall
hovedgade, -n, -r	Hauptstraße
køre ned, kørte, er kørt	überfahren
standse, -ede, -et	anhalten, stoppen
død	tot
ambulance, -n, -r	Krankenwagen
oprevet	aufgeregt, außer sich
uden for	draußen vor
let	leicht
alvorlig	ernst, schwer
ulykke, -n, -r	Unglück
historie, -n, -r	Geschichte
heldigvis	glücklicherweise
politi, -et	Polizei
skadestue, -n, -r	Unfallstation
rapport, -en, -er	Bericht
politibetjent, -en, -e	Polizist
derhen	dorthin

5

fuld	voll, betrunken

6

dreje sig om, -ede, -et	sich handeln, drehen um

Lektion 30

1

læse noget på universitetet	etwas an der Universität studieren
valg, -et, -0	Wahl
vælge, valgte, valgt	wählen
regering, -en, -er	Regierung
miljøproblem, -et, -er	Umweltproblem
forurening, -en, -er	(Umwelt-)Verschmutzung
industriland, -et, -e	Industrieland
verden, -er	Welt
løse, -te, -t	lösen
international	international
niveau, -et, -er	Niveau
læserbrev, -et, -e	Leserbrief
(familie-)højskole, -n, -r	(Familien-)Heimvolkshochschule

4

inspiration, -en, -er	Inspiration
artikel, artiklen, artikler	Artikel
inspirerende	inspirierend, anregend
beslutte, -ede, -et	schließen
forsøg, -et, -0	Versuch
ophold, -et, -0	Aufenthalt
det kom vi bestemt ikke til at fortryde	das haben wir bestimmt nicht bereut
arrangeret	arrangiert
veloplagt	wohlgelaunt, gut aufgelegt
holde i ånde	in Trab halten
folkedans, -en, -e	Volkstanz
oven i købet	obendrein

5

udmærket	ausgezeichnet
konfirmation, -en, -er	Konfirmation
helt op til	bis zu
ens	gleich
fag, -et, -0	Fach
litteratur, -en, -er	Literatur
økonomi, -en, -er	Wirtschaftswissenschaft
form, -en, -er	Form
demokrati, -et, -er	Demokratie

levestandard, -en	Lebensstandard
industrialiseret	industriealisiert
uland, -et, -e	Entwicklungsland
fattig	arm
eksamen, -en, -er	Examen, Prüfung
indtil	bis (zu)
regne med noget, -ede, -et	mit etwas rechnen

6

indhold, -et, -0	Inhalt

8

skovtur, -en, -e	Ausflug (in den Wald)
på gensyn!	auf Wiedersehen!

Alphabetisches Wörterverzeichnis

J

K

T

Grammatikregister

Die Zahlen verweisen auf die Lektionen im Lehrbuch und vor allem auf die Grammatikerklärungen im Arbeitsbuch. Im Arbeitsbuch befinden sich außerdem Tabellen mit Übersichten zur Grammatik.

Quellenverzeichnis

Seite 22:	Fotos: 4 x MHV-Archiv
Seite 23:	Kartei ADAC-Zentrale, München
Seite 30:	IKEA, København
Seite 46:	Fahrplan: Politiken, København
Seite 49:	Text: Piet Hein © Illustration & Gruk DET ENESTE RIGTIGE Wiedergabe mit freundlicher Genehmigung von Piet Hein a/s, Middelfart
Seite 62:	Foto: Ole Akhøj © Danmarks Turistråd, København
Seite 76:	Cartoon: © Storm P.-Museet, København
Seite 80:	Cartoon: © Hans Qvist-tegnestue
Seite 89/96:	Gedicht und Zeichnung: Hartmann/Karrebæk, ALLE BØRNS CITRONER, Gyldendal Publishers, København K
Seite 90:	Cartoon: Lidenlund, PIB København
Seite 93:	Foto: Ole Kragh-Sørensen © Kragh-Sørensen & Toftum, Virum
Seite 119:	Zeichnung: Jette Jørgensen, Vordingsborg (Møns Turistbureau, Stege)
Seite 122:	Cartoon aus: Flensborg Avis, Flensburg
Seite 123:	Zeichnung: Hartmann/Clante, Landsbyen forandrer sig, Gyldendal Publishers, København K
Seite 132:	Realia: Routine-Centrale, København
Seite 142:	DSB Direkte aus: Ud + Se, København
Seite 152/174:	Statistik: IFKA (Institut for Konjunktur-Analyse) København K
Seite 153:	aus: Børnehits 1, Elap Music
Seite 167:	aus: Benny Andersen, Verden uden for syltetøjsglasset, Borgens Forlag
Seite 171:	aus: Ritzau (RB), Ritzaus Bureau I/S, København
Seite 178:	Foto: Ted Fahn © Danmarks Turistråd, København

Alle anderen Fotos: Annegret Jöhnk, Norderstedt

Wir haben uns bemüht, alle Inhaber von Bild- und Textrechten ausfindig zu machen. Sollten Rechteinhaber hier nicht aufgeführt sein, so wäre der Verlag für entsprechende Hinweise dankbar.